재테크

by 스탠리

Publishing Group
바른북스

재개발·재건축 사업은 앞으로 10년 이상 새로운 주택 공급원으로서 큰 몫을 할 것입니다. 특히 서울을 비롯한 수도권의 핵심 도심지에서의 역할은 더욱 중요해 질 것입니다.

도시는 개발·재생·보존이라는 3개의 축으로 만들어지고 다듬어지며 유지됩니다. 그런데 이미 노후화된 주거환경을 새로운 주거단지로 탈바꿈시키는 것은 그 어느 것에도 해당하지 않는 말 그대로 '정비사업'인 것입니다.

정비사업은 한정된 토지의 이용가치를 높이는 것입니다. 수평적 이용에서 벗어나 수직적이고 복합적인 공간의 재탄생을 이루어 내는 것입니다. 더군다나 앞으로의 정비사업은 주거지의 확산에만 머물지 않고 주거와 업무, 교통과 환경, 편의와 쾌적성을 함께 추구하는 방향으로 개편될 것입니다.

이 책에서는 낙후된 주거환경을 개선하고 동시에 새로운 주택공급의 축으로 자리매김하게 되는 정비사업을 체계적으로 정리하고자 합니다. 한 권의 책으로 그 많은 것을 담는 것이 불가능하지만 핵심적인 사항은 물론이고 투자시 놓쳐서는 안되는 것을 최대한 많이 정리했습니다.

또한 투자에는 반드시 가치평가나 수익분석이 필수입니다. 그러나 자칫 저자의 그릇된 시각으로 독자로 하여금 투자 오류를 일으킨다면 이것이야 말로 지적 오만에 지나지 않습니다.

그래서 이 책은 다음에 주안점을 두고 만들었습니다.

첫 번째, 재개발·재건축 사업을 필두로 정비사업 전반에 걸친 기본 지식을 체계적으로 쌓을 수 있도록 정리했습니다.

두 번째, 투자의 기본은 '안전'입니다. 정비사업에는 더욱 그렇습니다. 투자 시 꼭 체크해야 할 부분을 충분히 설명했습니다.

세 번째, 가치평가나 수익분석에서 자칫 오류를 범하지 않도록 중립적이고 객관적으로 판단할 수 있도록 했습니다.

네 번째, 정비사업의 다양해진 투자 기법은 물론이고 놓쳐서는 안되는 절세 전략까지 알기 쉽게 설명했습니다.

다섯 번째, 2022년 8월까지 정비사업과 관련하여 변경된 제도나 규정을 싣도록 했습니다.

아무쪼록 이 책이 실제 투자로 연결되는 정확한 나침반이 되고 성공투자의 밑거름이 되기를 바랍니다. 책을 쓰는데 조언을 아끼지 않으신 몇 군데 조합장님과 사무장님 그리고 감정평가사님께 깊은 감사를 드리며 끝으로 책 편집에 큰 힘이 되어준 디자이너 김한솔님께도 감사의 말씀을 전합니다.

2022.9.

스탠리 드림

목차

[3장 : 신통기획에서 모아타운, 역세권시프트]

[4장 : 투자물건의 가치분석]

[5장 : 투자전략]

[6장 : 정비사업 틈새투자]

[7장 : 조합원 입주권과 세금]

1

들어가며

BOOK ✚

1-1
정비사업의 어제와 오늘

| 뉴타운 재개발사업의 태동

현재의 재개발·재건축 사업을 이해하려면 2002년부터 추진된 뉴타운 재개발 사업을 빼 놓을 수 없습니다. 강남 위주의 개발로 강남과 강북의 주거 환경 차이가 심화되자 노후화가 심한 강북 지역을 위주로 뉴타운 사업이 시작되었습니다.

2002.10. 서울시에서는 지역 균형발전을 위한 시범사업으로 은평·길음·왕십리 등의 뉴타운 시범사업 지구를 발표하였습니다. 초기 뉴타운 사업은 산발적으로 진행되었던 재개발 사업을 광역으로 묶어서 도로, 공원, 주민 편의시설 및 학교 등 기반시설을 체계적으로 갖춘다는 목표로 진행되었습니다.

당시 뉴타운 사업을 정리해보면 다음과 같습니다.

구분	지구 지정	뉴타운 재개발 지역
1차	2002년	은평, 길음, 왕십리
2차	2003년	아현, 한남, 노량진, 교남, 답십리, 중화, 미아, 가재울, 신정, 방화, 영등포, 천호
3차	2005년 ~2007년	이문·휘경, 장위, 상계, 수색·증산, 북아현, 시흥, 신길, 흑석, 신림, 거여·마천, 창신·숭인

| 정비사업의 변화

큰 기대 속에 시작한 뉴타운 사업은 부동산 가격의 상승으로 정작 원주민
은 해당 구역에 정착하지 못하거나 사업성이 떨어져 사업이 중단되는 등의
부작용이 나타나기 시작했습니다. 게다가 2008년 금융위기로 주택경기가 급
격히 침체되면서 큰 위기를 맞게 되었습니다.

서울시는 2012년부터 뉴타운 사업의 수습방안을 강구하였으며, 2015년에
는 사업추진이 어렵다고 판단되는 구역을 해제하기도 했습니다.

그렇다고 낙후된 주거환경을 외면할 수는 없어서 재개발과 재건축으로 대
표되는 정비사업과 도시재생 사업이 병행하게 되었습니다.

관련법	사업내용
도시 및 주거환경 정비법	주거환경 개선사업
	재개발 사업
	재건축 사업
빈집 및 소규모 주택 정비에 관한 특례법	빈집 정비사업
	자율주택 정비사업
	가로주택 정비사업
	소규모 재건축사업

그러나 각종 규제로 인해 정비사업이 활발하지 못했으며 그에 따른 주택공
급이 미흡하자 **공공재개발, 공공재건축, 도심공공주택복합사업, 역세권시프
트 사업**과 같은 다양한 사업방식이 도입되었습니다.

또한 종전의 정비사업을 활성화하기 위해 다양한 인센티브의 제공과 사업
속도를 빠르게 하는 조치들이 취해져서 최근에는 **신속통합기획, 모아주택, 모
아타운** 등이 관심을 끌고 있습니다.

1-2
서울은 대변혁의 시대

| 서울은 대변혁의 시대

600년 서울은 이제 대변혁의 시대로 접어들고 있습니다. 2021년까지 5년 간 급등한 부동산 가격은 공급 확대를 강하게 불러 일으켰습니다. 집을 지을 땅이 부족하여 3기 신도시까지 주거지역이 확장되고 있습니다.

그러나, 늘어나는 주거지는 교통망이 충분히 확보되지 않는다면 또 다른 문제를 일으킬 수 있습니다. 일자리 공간이 분산배치 되지 않는다면 그저 베드타운에 지나지 않을 것이기 때문입니다. 1기 신도시의 가장 큰 문제가 바로 이 부분인 것은 이미 다 알려진 사실입니다.

한창 논의가 되고 있는 '1기 신도시 특별법'은 용적률 완화를 통해 10만 가구의 주택을 추가로 짓는 것 외에 다양한 형태의 일자리 공간을 확보하는 것도 목표하고 있습니다. 늘어나는 교통량 수요를 자체적으로 충족하는 것이 도시의 효율성을 높이기 때문입니다.

그러나, 아무리 신도시가 재건축이나 리모델링으로 거듭 태어난다 하더라도 서울이란 입지를 넘볼 수 있을까요? 서울을 중심으로 한 수도권은 인구, 밀집도, GDP 등에서 이미 세계적으로 손꼽히는 광역 대도시(metropolitan area)가 되었습니다.

이제 600년 역사의 서울은 그 동안 개발이냐 재생이냐의 케케묵은 개발방식에 대한 논쟁을 뒤로 하고 새로운 도시로 재탄생하는 성장통을 앓고 있습니다. 개발과 재생을 상호보완하면서 제한된 땅 위에 도시의 효율성을 높이는 노력이 시도되고 있는 것입니다.

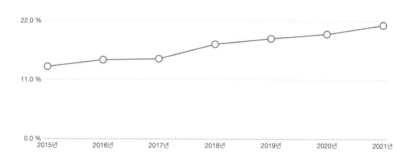

서울시 30년 이상 된 노후주택 비율 (출처 : 통계청)

서울시 구별 30년 이상 된 노후주택 비율 (출처 : 통계청)

| 2040 서울플랜과 정비사업

서울시는 지난 2022.3.에 '2040 서울플랜(서울시 도시기본계획)'을 발표하면서 그 세부계획을 2022. 연말에 확정 발표하겠다고 했습니다.

미래 서울의 도시 공간 조성을 위한 **6대 공간계획**[1] 외에 눈에 띄는 대목은 '**용도복합계획(Beyond Zoning)**'에 따른 정비 활성화입니다. 지난 수십 년 동안 토지 이용을 특정 지어온 '용도지역제'가 새로운 개념으로 변화하는 시점에 놓여 있습니다.

2040 서울시 도시기본계획안

우리나라 도시개발과 토지이용의 근간이었던 '용도지역제'는 각 용도구역별 일정한 허용목적(주거 및 상업시설, 용적률)내에서만 개발이 가능했었습니다.

용도복합계획(Beyond Zoning)은 고도의 정보 및 디지털 기술의 융복합 시대 도래와 그에 따른 라이프 스타일의 변화를 반영한 새로운 방식의 공간 활용 개념이며, 서울 도심지 개발의 주축이 될 것입니다.[2]

---

1) 보행일상권 조성, 수변중심 공간재편, 중심지 혁신, 도시계획 대전환, 기반시설 입체화, 미래 교통인프라 확장
2) 서울시, 10년째 방치 '용산정비창' 미래 新중심지 국제업무지구로 재탄생 (2022.7.25. 서울시 보도자료)

그리고 종전의 일률적인 '35층 높이제한'을 탈피한 다양한 경관계획을 허용하여 정비사업에도 반영할 계획입니다. 즉, 종전에 일률적으로 적용되었던 용적률 기준에 많은 변화가 생길 것이고 정비사업의 추진에도 탄력이 붙을 것입니다.

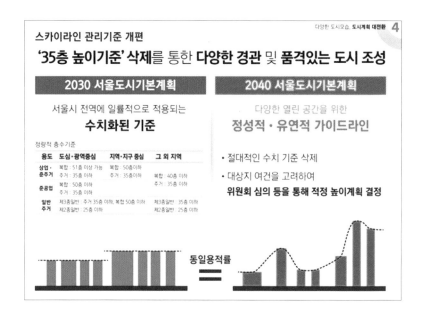

2040 서울시 도시기본계획안

물론 새로운 개념의 공간계획이 실제 정비사업 현장에서 얼마나 체계적으로 실현될지 아직은 미지수입니다. 치밀한 계획수립과 관리체계의 정비가 요구되며 각 이해 당사자의 적극적인 참여를 위한 다양한 인센티브의 제공과 효율적인 행정 서비스가 뒷받침되어야 할 것입니다.

1-3

재개발 · 재건축은 여전히 매력적인가?

| 새로운 중심지로 태어납니다.

기존에 노후화된 주거환경과 열악한 기반시설의 지역에서 번듯한 신축 아파트가 생기면 그 자체로서 주목을 받게 됩니다. 게다가 요즘 신축 아파트는 최신 트렌드에 따른 주거 공간과 다양한 편의시설을 갖추고 있어 주거 및 투자 가치가 커지고 있습니다.

또한 '2040 서울 플랜'에서도 앞으로의 정비사업은 전통적인 재개발과 재건축 방식에서 발전하여 직주근접형 공간계획이 반영될 것으로 예상됩니다. 즉, 한정된 토지와 공간의 활용성을 높이는 방향으로 진행될 것입니다.

| 최고의 투자는 재개발 · 재건축입니다.

정비구역내 조합원이 된다는 것은 새로운 주거 트렌드에 맞는 신축 아파트를 소유하는 것은 물론이고 조합원을 대상으로 하는 로얄동·로얄층·로얄뷰[3]의 아파트를 분양 받을 수 있는 것과 함께 다양한 고급 무상옵션의 혜택이 주어지기도 합니다.

---

3) 정비구역 현장에서는 이를 RRR 물건이라고 합니다.

더군다나 사업성이 좋은 구역에서는 다른 구역과의 차별화를 위한 다양한 주민 편의시설이나 복리시설 등이 지어지기도 합니다.[4]

┃ 최고의 레버리지 상품입니다.

정비사업의 초기 단계에 진입하면 비교적 소액으로 시작할 수 있습니다. 조합원 대상의 분양가가 일반 분양가 보다 낮다는 장점 외에[5] 조합원 분담금에 대한 부담을 줄여주기 위해 분담금의 상당 부분을 입주시 잔금으로 대체해 주고 있으며 이주비 등 다양한 무이자 혜택이 있기 때문에 레버리지를 최대한 활용할 수 있는 투자입니다.

다만, 통상적으로 정비사업은 사업기간이 오래 걸리므로 이런 점을 충분히 감안하여 투자시점과 투자기간을 정해야 합니다.

┃ 다양한 절세 포인트는 덤입니다.

다주택자의 경우 조정지역내 주택 구입시에는 취득세, 보유세(재산세와 종합부동산세), 양도세 등의 중과부담이 있습니다.

그러나 조합원 입주권이나 대체주택 제도를 이용하면 다양한 절세 혜택을 누릴 수 있습니다. 또한 멸실 후 조합원 입주권을 매수할 경우에는 취득세 중과가 없으며, 양도세의 경우에도 중과가 아니라 일반과세에 해당하고(2년 보유시), 또한 토지로 간주되므로 보유세의 부담도 작습니다.

자세한 것은 7장에서 설명하겠습니다.

---

4) 수영장, 영화관, 어린이 시설, 스터디 카페, 게스트하우스, 컨시어지 서비스, 조식 서비스, 기타 고급화된 입주민 전용 공간
5) 해당 정비구역의 사업성에 따라 다르지만 일반 분양가의 70~80% 선에서 결정됩니다.

| 다주택자에 유리한 틈새투자 방법도 있습니다.

재개발의 경우에는 반드시 다세대 주택(빌라)이나 단독주택(다가구 주택)이 아니라 상가(근생), 토지(도로), 무허가 건축물(뚜껑)과 같은 다양한 형태의 부동산으로도 아파트 입주권을 받을 수 있습니다. 물론 각 부동산의 유형과 가액에 따라 아파트 입주권이 나오는지 꼼꼼한 검토가 필요합니다.

| 가장 확실한 투자처가 될 수 있습니다.

일반적으로 재개발 · 재건축 사업에 대하여는 투자 수익성을 판단하기가 어렵다고 합니다. 그러나, 해당 구역의 사업성에 영향을 주는 요소[6]에 대한 이해도가 충분하면 합리적으로 투자가치를 판단할 수 있습니다.

오히려 준공 후 신축 아파트에 대한 미래 수익을 예측하는 것보다 수월합니다. 사업성 좋은 구역과 수익성 좋은 물건을 찾아서 숨겨진 보물을 찾는다는 생각으로 임장을 다니면 투자하는 재미도 쏠쏠합니다.

---

6) 토지 등 소유자수, 용적률, 일반 분양물량, 기부채납 비율 등

1-4
투자 키포인트

| 핵심 투자 포인트

이미 투자의 대세가 된 재개발 · 재건축은 서울을 비롯한 수도권에만 수백 곳의 사업장이 다양한 형태로 진행되고 있습니다. 투자 금액도 적게는 수 천 만원에서 수 십 억원에 이르는 곳까지 있으며 투자 대상이 될 부동산의 종류 도 다양합니다. 따라서 본인의 투자여건을 감안한 신중한 판단과 결정이 필 요합니다. 다음과 같이 크게 3가지 관점에서 충분한 검토를 해야 합니다.

· 정비구역의 사업성 분석
· 투자물건의 수익성 분석
· 부동산 시장 등 투자환경 판단

| 장기투자 VS 단기투자

일반적으로 재개발 · 재건축은 정비구역의 지정, 조합의 설립, 사업시행인 가, 조합원분양, 관리처분인가, 철거(멸실) 및 공사, 완공 및 입주 등의 절차를 밟습니다.

재개발 • 재건축의 주요 사업 절차

사업 초기단계에서 진입하여 준공 후 입주까지 가져갈 수도 있고, 사업의 진행상황을 판단하여 특정 사업단계에 진입할 수도 있습니다. 정비사업은 각 단계별로 가격이 상승하는 특성을 갖고 있지만 경우에 따라서는 돌발변수가 발생하여 사업이 지체되는 경우도 있습니다. 따라서 본인의 여건에 따라 장·단기 투자를 결정해야 하며 어느 단계에서 진입해야 하는지 또한 출구전략은 어떻게 구상해야 하는 지 면밀한 검토가 필요합니다.

| 사업성과 수익성의 판단

정비사업 투자수익은 용적률이 어느 정도로 완화되어 고밀도로 개발되느냐에 따라 달라진다 하더라도 과언이 아닙니다.[7] 심지어 미국의 경우에는 여유 용적률을 거래대상으로 하는 '**공중권**'과 '**개발양도권**' 등을 인정하고 있습니다.[8]

우리나라도 서로 다른 두 지역의 용적률을 서로 결합해 주는 소위 '결합 재개발방식'의 정비사업이 있는데 실제로 성북2구역과 신월곡1구역이 이 방식으로 추진 중에 있습니다. 일종의 '용적률 품앗이'라고도 할 수 있습니다.

---

7) '용적률 종상향' 또는 '용적률 인센티브'라고 부릅니다.
8) 공중권(Air rights), 개발양도권(Transferable development right, TDR) 등으로 보유한 여유 용적률에 관한 권리라고 할 수 있습니다.

또한, 투자할 물건의 수익성도 중요합니다. 즉 감정평가를 잘 받을 수 있는 좋은 물건을 싸게 사는 것이 무엇보다 중요하기 때문에 스스로 물건의 가치를 평가할 수 있는 안목을 키워야 합니다.

| 다양한 부동산에 대한 고민

반드시 다세대주택, 다가구주택, 단독주택, 아파트(재건축의 경우)등 주거용 부동산으로만 투자할 필요는 없습니다.

재개발의 경우에는 상가, 도로, 무허가 건축물(뚜껑) 등도 투자 대상이 될 수도 있고, 재건축의 경우에는 단지내 상가도 투자 대상이 될 수 있습니다. 주택보다는 다소 복잡하지만 조금만 들여다 보면 됩니다.

| 선택지가 많아진 다양한 사업방식

최근 정비사업에도 다양한 사업방식이 생겼습니다. 도심공공주택 복합사업, 도시정비형 재개발사업(역세권시프트사업), 신속통합기획, 모아주택과 모아타운 등 선택의 폭이 넓어졌습니다. 각각의 장단점과 투자 여건에 맞추어 투자 수익을 올릴 수 있는 기회가 되었습니다.

| 투자 리스크에 대한 대비

재개발 · 재건축은 다양한 리스크에 직면할 수 있습니다. 정비사업 시행의 주체인 조합은 다양한 부동산을 소유한 조합원으로 구성되어 있기 때문에 각자의 투자 이익이 다를 수 밖에 없습니다. 따라서 사업 방식과 절차에 대하여 의견이 첨예하게 대립될 수 있습니다.

또한, 건축계획의 변경이나 원자재 급등에 따른 공사비 증가 등 예기치 않은 돌발 상황이 생겨 사업이 지체될 수도 있습니다. 따라서 해당구역에 어떤 문제가 발생할 수 있는지 사전에 꼼꼼한 관찰과 분석이 필요합니다.

| 투자 실수의 방지

투자자 개인의 투자 실수나 착오로 인한 문제가 나타나기도 합니다. 예를 들어 조합원 입주권이 불가능한 부동산을 매입하거나 재당첨 금지제한에 저촉되는 투자를 할 수 있습니다.

또한 보유 물건의 감정평가 금액이 예상보다 낮게 나오거나 세금 대책의 미흡, 예상을 뛰어넘는 조합원 분담금에 대한 판단착오 등 다양한 리스크가 생길 수 있습니다. 필요시 전문가의 도움을 받아 사전에 이런 리스크를 피해야 합니다

BOOK +

1-1 : 정비구역 찾아보기

서울지역 : cleanup.seoul.go.kr (서울특별시 정비사업 정비몽땅)

인천지역 : renewal.incheon.go.kr (인천광역시 추정분담금 정보시스템)

부산지역 : dynamice.busan.go.kr (부산광역시 정비사업 통합페이지)

경기지역 : gres.gg.go.kr (경기도 추정분담금 시스템)

BOOK +

1-2 : 정비구역 분석을 위한 Proptech App.

아실 (asil.kr) : 정비구역 지정현황

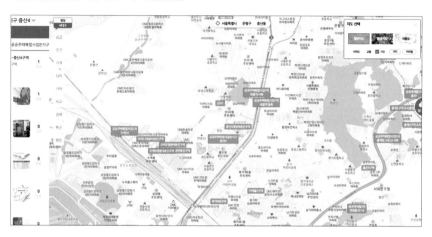

리치고 (m.richgo.ai) : 정비사업 사업진행 단계

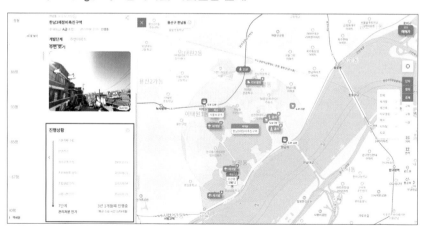

Gislaw (www.gislaw.co.kr) : 정비구역 지정요건 (노후도 등)

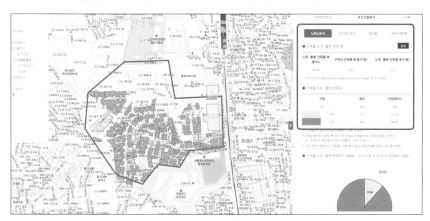

아실 (asil.kr) : 아파트 단지별 용적률과 평균대지지분

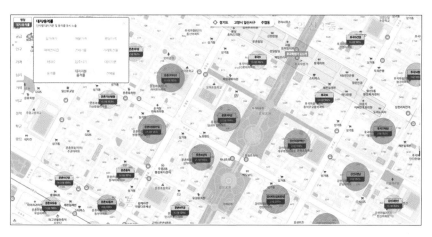

BOOK +

디스코 (www.disco.re) : 공동주택 대지지분, 실거래가, 공시가격

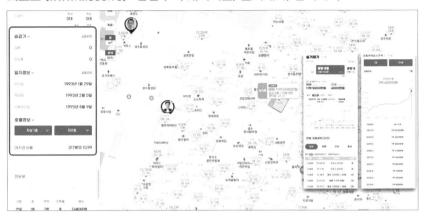

씨리얼 (seereal.lh.or.kr) : 실거래가, 공시지가

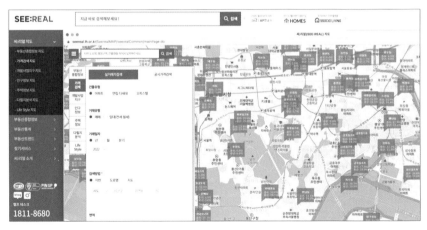

밸류맵 (www.valueupmap.com) : 실거래가, 건물구조, 용도지역

부동산플래닛 (www.bdsplanet.com) : 실거래가

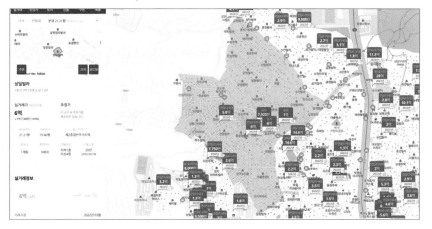

2 알아보자 재재

BOOK ✚

2-1
한눈에 살펴보는 정비사업

재개발과 재건축 사업은 사업의 공정성과 객관성을 확보하기 위해 법에 따라 엄격하게 관리되고 있습니다. 바로 '도시 및 주거환경정비법'(이하 '도시정비법'이라 함)입니다. 도시정비법의 목적은 다음과 같습니다.[9]

> 이 법은 도시기능의 회복이 필요하거나 주거환경이 불량한 지역을 계획적으로 정비하고 노후·불량건축물을 효율적으로 개량하기 위하여 필요한 사항을 규정함으로써 도시환경을 개선하고 주거생활의 질을 높이는 데 이바지함을 목적으로 한다.

도시정비법에서는 정비사업을 다음과 같이 3가지로 나누고 있습니다.

- **주거환경개선사업**
- **재개발사업**
- **재건축사업**

---

9) 도시정비법 제1조

| 주거환경개선사업

도시저소득 주민이 집단거주하는 지역으로서 정비기반시설이 극히 열악하고 노후·불량건축물이 과도하게 밀집한 지역의 주거환경을 개선하거나 단독주택 및 다세대주택이 밀집한 지역에서 정비기반시설과 공동이용시설 확충을 통하여 **주거환경을 보전·정비·개량**하기 위한 사업입니다.

| 재개발사업

재개발은 정비기반시설이 열악하고 노후·불량 건축물이 밀집한 지역에서 주거환경을 개선하거나 상업지역·공업지역 등에서 도시기능의 회복 및 상권 활성화 등을 위하여 도시환경을 개선하기 위한 사업으로 기반시설 확충되는 **공익적 성격이 강한 사업**이라 할 수 있습니다.

| 재건축사업

재건축은 기존의 정비기반시설은 양호하나 노후·불량건축물에 해당하는 공동주택이 밀집한 지역에서 주거환경을 개선하기 위한 사업으로 재개발에 비해 소유자들의 **사익적 성격이 강한 사업**이라 할 수 있습니다. 단독주택 재건축 사업과 공동주택(아파트) 재건축 사업으로 나뉩니다.

정비기반시설
　도로, 상하수도, 구거(도랑), 공원, 공용주차장, 전기·가스·수도 등의 공급 설비, 통신시설, 하수도 시설, 교통 시설물 등을 말합니다. [10]

---

10)　도시정비법 제2조의 4

재개발과 재건축은 다음 그림과 같이 정비구역 지정 – 조합 설립 – 사업시행인가 – 관리처분 – 이주 철거 및 착공에 이르는 단계로 진행됩니다.

한눈에 보는 재개발 · 재건축 절차

이 책에서는 정비사업의 근간이라 할 수 있는 재개발과 재건축 사업에 대해 주로 설명하겠습니다.(2장)

또한 신속통합기획, 모아타운·모아주택, 도시정비형재개발, 역세권 시프트 등 최근에 이슈가 되고 있는 신 유형의 정비사업도 같이 다루겠습니다.(3장)

2-2
기본계획 수립에서 정비구역 지정까지

　정비구역의 지정은 이제 그 지역에서 본격적으로 정비사업을 진행하겠다고 선언하는 것입니다. 정비구역은 다음 그림과 같이 일정한 절차를 통해 지정 및 고시됩니다.

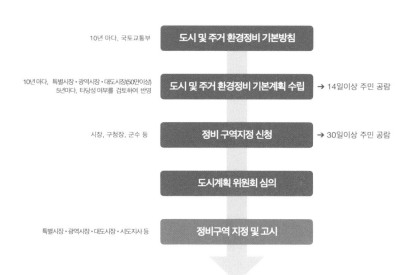

| 도시 및 주거환경 기본방침의 수립

정비사업은 가장 큰 밑거름인 '**정비계획 기본방침**'에서 시작합니다. 국토교통부장관은 도시 및 주거환경을 개선하기 위하여 10년마다 다음 사항을 포함한 기본방침을 정하고, 5년마다 타당성을 검토하여 그 결과를 다시 기본방침에 반영하여야 합니다.[11]

- 도시 및 주거환경 정비를 위한 국가 정책방향과 기본계획
- 노후·불량 주거지 조사 및 개선계획
- 도시 및 주거환경 개선에 필요한 재정지원계획

| 도시 및 주거환경 기본계획의 수립

해당 지역의 시장[12]은 관할 구역에 대하여 '**도시·주거환경정비 기본계획**'을 10년 단위로 수립하고, 5년마다 타당성을 검토하여 그 결과를 반영하여야 합니다. 정비기본계획에는 다음 사항이 포함됩니다.[13]

- 정비사업 기본방향과 계획기간
- 인구·건축물·토지이용·정비기반시설·지형 및 환경 등의 현황
- 주거지 관리계획
- 토지이용계획·정비기반시설계획·공동이용시설 설치계획 및 교통계획
- 녹지·조경·에너지공급·폐기물처리 등에 관한 환경계획
- **정비예정구역의 개략적인 범위**
- **단계별 정비사업 추진계획 및 정비계획의 수립시기**
- **건폐율·용적률 등에 관한 건축물의 밀도계획**
- 세입자에 대한 주거안정대책

---

11) 도시정비법 제3조
12) 특별시장, 광역시장, 특별자치시장, 특별자치도지사 및 시장을 말합니다.
13) 도시정비법 제4조, 제5조

｜정비계획의 입안과 정비구역 지정

기본계획에 따라 구청장(또는 광역시의 군수)은 정비계획을 입안해서 특별시장(또는 광역시장)에게 정비구역 지정을 신청해야 합니다. 이 정비계획에는 다음 사항이 포함됩니다.[14]

- 정비사업의 명칭
- **정비구역 및 그 면적**
- **토지 등 소유자별 분담금 추산액 및 산출근거** (2022.12.11. 시행)
- 도시·군계획시설의 설치에 관한 계획
- 공동이용시설 설치계획
- **건축물의 주용도·건폐율·용적률·높이에 관한 계획**
- 환경보전 및 재난방지 계획, 교육환경 보호 계획
- 세입자 주거대책
- 정비사업시행 예정시기
- 공공지원 민간임대주택 등의 공급계획 등

관할 시장[15]은 기본계획에 적합한 범위에서 노후·불량건축물이 밀집하는 구역에 대하여 정비계획을 입안하고 주민공람 및 도시계획위원회 심의를 거쳐 정비구역을 지정고시합니다.[16] **서울시의 경우에는 구청장이 정비구역 지정을 신청하면 서울시장이 지정고시**하도록 되어 있습니다.

일반적으로 정비구역이 지정되기까지는 상당한 시간이 걸리므로 서울시의 경우에는 2021년부터 '**신속통합기획**' 방식을 도입하여 행정절차를 대폭 간소화하고 있습니다.

---

14) 도시정비법 제9조
15) 특별시장, 광역시장, 특별자치시장, 특별자치도지사, 시장, 군수 등을 말합니다.
16) 도시정비법 제8조, 제15조, 제16조

| 정비구역의 지정요건 [재개발]

정비구역으로 지정되려면 건축물의 노후도 등 몇 가지 요건들을 충족해야 합니다. 다음은 서울시[17]의 경우이고 다른 시도들도 조례로 재개발 구역의 지정요건을 정하고 있습니다.

필수요건	선택요건 (1개 선택)
건물노후도 2/3 이상 구역면적 1만m² 이상	건물 노후도 2/3 이상 (연면적)
	주택 접도율 40% 이하
	호수밀도 60세대/ha 이상
	과소필지 40% 이상

- 노후불량 건축물 기준 : 공동주택30년 / 단독주택20년
- 주택접도율 : 폭 4m이상 도로에 접하는 건축물의 비율 (%)
- 호수밀도 : 1ha(약 3천평)에 건축된 건축물 호수
- 과소필지 : 대지면적 90m² 이하

| 안전진단 [재건축]

재건축의 경우에 구청장은 정비계획의 수립 전에 안전진단을 실시하여야 합니다.[18] 경우에 따라서는 건축물 및 그 부속토지 소유자의 10분의 1 이상의 동의를 받아 주민들이 자발적으로 안전진단의 실시를 요청할 수도 있습니다.

안전진단 결과 A~C등급은 재건축이 아니라 유지보수 대상으로만 판단되고, D등급이 나오면 조건부 재건축으로 다시 2차 정밀 안전진단을 통해 재건축 여부가 결정되며, E등급이 나오면 곧바로 재건축 대상이 됩니다.

---

17) 서울특별시 도시 및 주거환경정비조례 제6조
18) 도시정비법 제12조

| 개발행위의 제한

해당 구역의 조합원 수의 급격한 증가로 정비사업의 사업성 악화를 방지하고 건물 신축행위로 인한 비경제적인 자원낭비를 방지하기 위해 정비구역으로 지정되면 다음과 같은 개발 행위가 제한됩니다.[19]

- **건축물의 건축**
- 공작물의 설치, 물건을 쌓아 놓는 행위
- 토지의 형질변경 또는 토지의 분할
- 토석의 채취

---

19) 도시정비법 제19조

2-3
사업의 주체 : 조합의 설립

정비구역이 지정되면 **사업을 이끌어갈 사업 시행자**를 정하는데 주로 조합이 그 역할을 하게 됩니다. 조합은 해당 구역의 부동산 소유자들로 구성되는데 사업 유형에 따라 조합원이 될 자격이 달라집니다.

경우에 따라서는 조합원의 과반수의 동의를 받아 시장·군수 또는 토지주택공사 등과 공동으로 사업을 시행할 수도 있습니다.[20]

조합설립 추진위원회 구성
추진위원회 승인신청 및 승인
조합설립 동의서 징구
조합 창립 총회
조합설립 인가 신청
조합설립 인가 승인
조합 법인의 등기

구분	재건축	재개발
조합원 자격	구역내 건축물 및 부속토지를 동시에 소유한 자	구역내 토지 또는 건축물 소유자 및 지상권자
조합설립을 위한 주민 동의율	토지 등 소유자 3/4 이상 & 동별 구분소유자 1/2 이상 & 토지면적의 3/4 이상 동의	토지 등 소유자 3/4 이상 & 토지 면적의 1/2 이상 동의

· 조합설립에 반대한 사람
  재건축의 경우 → 조합원이 안되고 현금청산 대상
  재개발의 경우 → 자동으로 조합원이 됨

---

20) 도시정비법 제25조

| 추진위원회의 구성

먼저 조합을 설립하기 위해서는 해당 구역내 **토지 등 소유자의 과반수의
동의**를 얻어 시장 또는 군수 등의 승인을 받아 조합설립 추진위원회를 구성
해야 합니다. 조합설립 추진위원회는 다음과 같은 일을 합니다.[21]

- 정비사업 전문관리업자(이하 "정비업체"라 한다)의 선정 및 변경
- 설계자의 선정 및 변경
- **개략적인 정비사업 시행계획서의 작성**
- **조합설립인가를 받기 위한 준비업무**

| 정비업체의 선정

토지 등 소유자 들은 정비사업의 경험이 부족한 경우가 많기 때문에 정비
사업의 전반에 걸쳐 보다 전문적인 도움을 받기 위해 정비업체를 선정하게
됩니다. 정비업체가 하는 일은 다음과 같습니다.[22]

- 조합설립의 동의 및 정비사업의 동의에 관한 업무의 대행
- 조합설립인가의 신청에 관한 업무의 대행
- 사업성 검토 및 정비사업의 시행계획서의 작성
- 설계자 및 시공자 선정에 관한 업무의 지원
- 사업시행계획인가의 신청에 관한 업무의 대행
- 관리처분계획의 수립에 관한 업무의 대행

---

21) 도시정비법 제31조, 제32조
22) 도시정비법 제102조

| 조합의 설립요건

정비사업의 시행자로서 가장 중추적인 역할을 하게 되는 조합은 그 설립에서부터 운영 및 해산에 이르기까지 모든 세부 과정을 도시정비법의 절차를 따라야 합니다. 먼저 조합을 설립하기 위해서는 다음과 같이 토지등 소유자의 동의를 얻어야 합니다.[23]

재개발은 토지등 소유자의 4분의 3 이상 및 토지면적의 2분의 1 이상의 동의를 받아야 하며, 재건축은 공동주택의 각 동별 구분소유자의 과반수 동의와 주택단지의 전체 구분소유자의 4분의 3 이상 및 토지 면적의 4분의 3 이상의 동의를 받아야 합니다.[24]

재개발	재건축
• 토지 등 소유자의 3/4 이상 • 토지면적의 1/2 이상	• 구분 소유자의 3/4 이상 • 토지면적의 3/4 이상 • 공동주택 각 동의 1/2 이상

| 조합이 하는 일

조합은 총회의 의결로서 다음과 같은 사항을 진행할 수 있습니다.[25] 이 중에서 가장 중요한 것은 해당 구역을 어떻게 개발하겠는가를 결정짓는 **'사업시행계획'**과 각 조합원의 자산 가치를 확정짓게 되는 **'관리처분계획'**이라 하겠습니다.

- 조합 정관의 중대한 변경
- 자금의 차입과 그 방법·이자율 및 상환방법 등의 결정

---

23) 도시정비법 제35조
24) 상가 등의 복리시설의 경우에는 복리시설 전체를 하나의 동으로 간주합니다.
25) 도시정비법 제45조

- 예산으로 정한 사항 외에 조합원에게 부담이 되는 계약
- **시공자·설계자 및 감정평가법인 등의 선정 및 변경**
- 정비사업 전문관리업자의 선정 및 변경
- 조합임원의 선임 및 해임
- **정비사업비의 조합원별 분담내역**
- **사업시행계획서의 작성 및 변경** (경미한 변경은 제외)
- **관리처분계획의 수립 및 변경** (경미한 변경은 제외)
- 청산금의 징수·지급과 조합 해산 시의 회계보고

조합의 임원과 대의원회

조합은 조합장과 이사 및 감사를 두어야 하며, 조합원 수가 100명 이상이 되면 사업의 원활한 진행을 위해서 대의원회를 구성할 수 있습니다. 이 경우 대의원회는 조합원의 10분의 1 이상으로 구성됩니다.

다만, 조합원의 10분의 1이 100명을 넘는 경우에는 조합원의 10분의 1의 범위에서 100명 이상으로 구성할 수 있습니다. 대의원회는 총회의 의결사항 중 중요 사항 외에는 총회의 권한을 대행할 수 있습니다.[26]

조합원의 자격

조합이 설립되면 **재개발의 경우는 조합설립에 동의하지 않더라도 해당구역의 토지 등 소유자가 확인되면 조합원 자격이 주어집니다.**

재개발은 공익적 성격이 강하기 때문에 기반시설 등의 확충을 보다 효율적으로 진행하기 강제적으로 조합원이 되는 것입니다.

---

26) 도시정비법 제46조

반면에 재건축의 경우에는 재건축사업에 동의한 자만 조합원 자격이 주어집니다.[27]

　재개발의 조합원은 조합원을 대상으로 하는 분양신청을 포기하면 아파트 입주권대신 현금으로 청산되고, 재건축은 후에 매도청구 대상이 됩니다.

| 투기과열지구에서의 조합원 양도제한

　투기과열지구로 지정된 지역에서는 투기과열을 억제하기 위해서 다음과 같이 조합원 지위의 양도가 제한됩니다.[28]

　재개발의 경우에는 관리처분계획의 인가 후 해당 정비사업의 건축물 또는 토지를 양수(매매, 증여 포함)한 자는 조합원의 자격이 주어지지 않으며, **재건축의 경우에는 조합설립 인가 후**에 지위 양도가 제한됩니다.

　단, 다음과 같이 특별한 사유에 해당할 경우에는 조합원의 지위 양도가 가능합니다.

- 상속 또는 이혼으로 인한 양도, 양수의 경우
- 세대원의 근무상 또는 생업상의 사정이나 질병치료·취학·결혼으로 세대원이 모두 해당 사업구역에 위치하지 아니한 특별시·광역시·특별자치시· 특별자치도·시 또는 군으로 이전하는 경우
- 상속으로 취득한 주택으로 세대원 모두 이전하는 경우
- 세대원 모두 해외로 이주하거나 세대원 모두 2년 이상 해외에 체류하려는 경우
- 기타 도시정비법 제39조 제2항에 해당하는 경우

　(Book + 2-1 참고)

---

27)　도시정비법 제39조 제1항
28)　도시정비법 제39조 제2항

2-4
시공사 선정과 사업시행계획의 인가

조합이 설립되면 이젠 신축 아파트를 실제로 만들어 가는 단계로 접어듭니다. 아파트 단지의 평형별 구성, 단지 조성, 단지내 복리 시설 등에 대한 설계와 그 승인 절차를 밟게 됩니다. 한마디로 **건축물의 조감도를 완성시키는 과정**이라 할 수 있습니다.

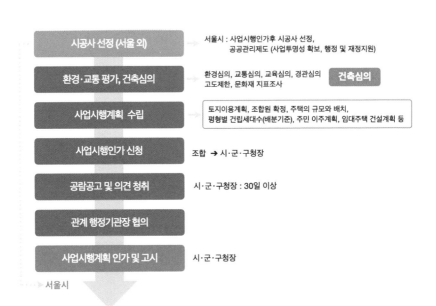

시공사 선정 (서울 외)	서울시 : 사업시행인가후 시공사 선정, 공공관리제도 (사업투명성 확보, 행정 및 재정지원)
환경·교통 평가, 건축심의	환경심의, 교통심의, 교육심의, 경관심의 고도제한, 문화재 지표조사 **건축심의**
사업시행계획 수립	토지이용계획, 조합원 확정, 주택의 규모와 배치, 평형별 건립세대수(배분기준), 주민 이주계획, 임대주택 건설계획 등
사업시행인가 신청	조합 → 시·군·구청장
공람공고 및 의견 청취	시·군·구청장 : 30일 이상
관계 행정기관장 협의	
사업시행계획 인가 및 고시	시·군·구청장

서울시

| 시공사 선정

조합설립 후에는 총회의 의결을 통해 시공사를 선정하게 되는데 경쟁 입찰을 원칙으로 합니다.[29] 조합은 먼저 시공사 입찰을 위한 공고를 한 후, 입찰설명회를 통해 시공사 입찰에 필요한 사항들을 시공사 측에 고지합니다.

시공사는 조합이 개최하는 합동설명회를 통해서만 홍보가 가능하며, 개별적으로는 불가합니다. 마지막으로 토지 등 소유자의 과반수가 직접 참석하여 **총회의 의결로서 시공사를 최종 선정**하게 됩니다.

서울시의 경우에는 자체 조례를 통해 시공사 선정에 따른 과열을 억제하고 투명한 시공사 선정을 위해 **'공공관리제도'**를 운영하고 있습니다. 또한 사업시행계획인가 이후 완성된 설계를 바탕으로 '내역입찰'을 진행합니다.

즉, 사업시행계획을 먼저 수립한 후 그에 따른 물량내역서, 산출내역서[30] 등을 반영하여 시공사 선정시 정확한 공사물량과 규격에 맞는 단가가 정확하게 제시되어 있는지를 검토하도록 하고 있습니다.

그런데, 이로 인해 오히려 정비사업을 지체시키거나 또는 조합의 사업자금 조달을 어렵게 해 정비사업 활성화에 역행한다는 지적도 있습니다.

| 건축 심의

사업시행계획의 인가를 받기 위해서는 건축심의를 받아야 합니다. 건축심의란 건축 전문가들과 담당 공무원으로 구성된 건축위원회를 통해 다음과 같은 사항을 심의하는 것을 말합니다.

• 건축물의 향과 일조량, 구조의 안전성

---

29) 도시정비법 제29조
30) 물량내역서 : 공정별 목적물의 물량과 규격 등이 적힌 내역서
   산출내역서 : 물량내역서에 단가를 적은 내역서

- 도시 미관, 단위 세대의 공간구성과 적정성

- 지하공간의 구성과 주차장 설계

- 소방 및 구급활동 공간의 적정성

또한 건축심의와 함께 안전·환경·교통·지하안전·재해·교육환경·문화재보존·재난·미술품 설치 등에 대한 것도 심의하게 됩니다.

| 사업시행계획서의 작성

조합은 다음 내용이 포함된 사업시행계획서를 작성하여 총회의 의결(조합원 과반수의 동의)을 거쳐 시장(서울은 구청장)등에 제출·신청해야 합니다. 시장(구청장)은 특별한 사유가 없으면 사업시행계획서의 제출이 있은 날부터 60일 이내에 인가 여부를 결정하여 사업 시행자에게 통보하여야 합니다.[31]

시장 및 군수 등은 사업시행계획인가가 확정되면, 14일 동안 일반인들에게도 해당 내용을 공람하여야 하고 최종적으로 사업시행계획인가를 고시하게 됩니다.

- **토지이용계획(건축물 배치계획을 포함)**

- **정비기반시설 및 공동이용시설의 설치계획**

- 임시거주시설을 포함한 주민이주대책

- 세입자의 주거 및 이주 대책

- 사업시행기간 동안 정비구역 내 가로등 설치, CCTV 등 범죄예방대책

- 임대주택의 건설계획 (재건축사업의 경우는 제외)

- **국민주택규모 주택의 건설계획** (주거환경개선사업의 경우는 제외)

- 공공지원민간임대주택 또는 임대관리 위탁주택의 건설계획

- **건축물의 높이 및 용적률 등에 관한 건축계획**

---

31) 도시정비법 제50조, 제52조

- 정비사업의 시행과정에서 발생하는 폐기물의 처리계획
- 교육시설의 교육환경 보호에 관한 계획

  (정비구역부터 200미터 이내에 교육시설이 설치되어 있는 경우)
- **정비사업비**

| 사업시행계획인가의 의미

사업시행계획인가가 완료되면 정비사업 건립세대수, 예상평형의 배정, 아파트 등 건축물의 배치 및 배정 등 해당 지역의 **조감도가 완성**되는 것으로 간주됩니다. 또한 이로 인해 사업비의 규모가 비교적 정확하게 파악되며 그에 따른 **조합원 분담금 등의 예측**이 가능한 단계가 됩니다.

2-5
조합원 분양신청과 관리처분계획의 인가

사업시행계획이 인가되면 조합원 자산에 대한 감정평가 후에 조합원 분양
신청을 하게 되고 '관리처분계획'을 수립하게 됩니다.

'관리처분계획'이란 분양되는 대지 또는 건축시설 등에 대하여 권리의 배분
에 관한 사항을 정하는 것을 말합니다.

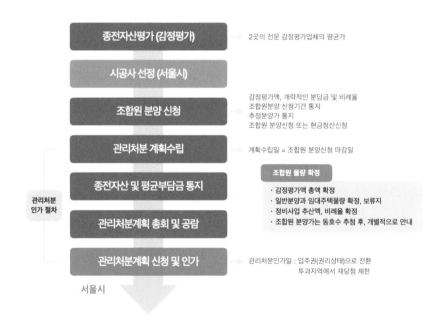

종전자산평가 (감정평가)	···▶ 2곳의 전문 감정평가업체의 평균가
시공사 선정 (서울시)	
조합원 분양 신청	감정평가액, 개략적인 분담금 및 비례율 조합원분양 신청기간 통지 추정분양가 통지 조합원 분양신청 또는 현금청산신청
관리처분 계획수립	계획수립일 = 조합원 분양신청 마감일
종전자산 및 평균부담금 통지	**조합원 물량 확정** · 감정평가액 총액 확정 · 일반분양과 임대주택물량 확정, 보류지 · 정비사업 추산액, 비례율 확정 · 조합원 분양가는 동호수 추첨 후, 개별적으로 안내
관리처분계획 총회 및 공람	
관리처분계획 신청 및 인가	관리처분인가일 : 입주권(권리상태)으로 전환 투과지역에서 재당첨 제한

관리처분
인가 절차

서울시

46

| 종전자산의 감정평가

사업시행계획이 인가되면 조합원이 소유한 토지 및 건축물 등[32)]에 대하여 감정평가를 하여 권리가액을 정합니다.[33)] 권리가액이 정해져야 조합원 분양에 따른 조합원 분담금을 파악할 수 있기 때문입니다.

| 비례율과 권리가액, 조합원 분담금

해당 정비사업의 사업성을 평가하는 지표가 '**비례율**'입니다. 비례율이 높다는 것은 그 만큼 개발에 따른 이익이 크다는 뜻입니다.

'**권리가액**'은 조합원 개인 소유의 자산가액을 나타내고 조합원이 분양신청하게 되는 아파트의 조합원 분양가에서 조합원 권리가액을 뺀 금액만큼을 해당 조합원이 분담해야 하는데, 이를 '**조합원 분담금**'이라 합니다.

만약, 조합원이 분양 신청하는 아파트의 분양가가 해당 조합원의 권리가액보다 높으면 그 부족분에 대하여 추가로 분담금을 납부해야 합니다. 만약 권리가액이 분양가보다 커서 오히려 남는 금액이 있으면 그 차액 만큼 돌려받게 됩니다.

| 감정평가의 통지와 조합원의 분양신청

조합은 사업시행계획인가의 고시가 있는 날(사업시행계획인가 이후 시공자를 선정한 경우에는 시공자와 계약을 체결한 날)부터 120일 이내에 다음 사항을 토지 등 소유자에게 통지하게 됩니다.[34)]

---

32) 이를 종전자산이라 합니다.
33) 도시정비법 제74조 제4항
34) 도시정비법 제72조

- 분양대상자별 종전의 토지 또는 건축물의 명세
- **사업시행계획인가의 고시가 있은 날을 기준으로 한 가격**
- **분양대상자별 분담금의 추산액**
- 분양신청기간

보통 조합원의 분양신청기간은 통지한 날부터 30일 이상 60일 이내이며 분양신청은 조합이 정한 분양신청 사무실을 방문하여 필요서류를 갖추어 진행합니다. 또한 필요시 조합은 분양신청기간을 20일 범위에서 한 차례만 연장할 수 있습니다.

| 조합원 등이 분양 신청하지 않은 경우

재개발의 경우에는 분양신청을 하지 않았거나 분양신청기간 종료 이전에 분양신청을 철회한 경우에는 토지, 건축물 또는 그 밖의 권리의 손실보상에 관한 협의를 하여야 합니다. 만약 협의가 원만하게 성립되지 않으면 그 기간의 만료일 다음 날부터 60일 이내에 수용재결을 신청하게 됩니다.[35]

재건축의 경우에는 조합설립에 동의하지 않는 토지 등 소유자에 대하여 건축물 또는 토지의 소유권과 그 밖의 권리를 매도할 것을 청구할 수 있습니다.[36]

| 관리처분계획의 인가

관리처분은 정비사업에서 분양되는 건축시설을 조합원들에게 합리적이고 적법하게 배분하는 중요한 단계입니다. 조합은 조합원의 분양신청 기간이 종료된 때, 분양신청 현황을 기초로 관리처분계획을 수립하게 됩니다.

---

35) 도시정비법 제73조
36) 도시정비법 제64조

관리처분계획의 수립(통지)과 조합 총회의 의결, 공람(의견청취)후 인가신청, 관리처분계획 인가 및 고시 등의 절차로 이루어져 있습니다. 이때, 분양설계, 분양대상자별 건축물에 대한 추산액, 기존 건축물의 철거 예정시기 등을 포함하게 됩니다. 관리처분계획에는 다음 항목들이 포함되어야 합니다.[37]

- 분양설계
- 분양대상자의 주소 및 성명
- **분양대상자별 분양 예정인 대지 또는 건축물의 추산액**
- 보류지 등의 명세와 추산액 및 처분방법
- 일반 분양분
- 공공지원민간임대주택, 임대주택
- 그 밖에 부대시설·복리시설 등
- **분양대상자별 종전의 토지 또는 건축물 명세 및 사업시행계획인가 고시가 있은 날을 기준으로 한 가격**
- **정비사업비의 추산액, 조합원 분담금 및 분담시기**
- **재건축사업의 경우에는 재건축부담금**(재건축초과이익환수법)
- 분양대상자의 종전 토지 또는 건축물에 관한 소유권 외의 권리명세
- 세입자별 손실보상을 위한 권리명세 및 그 평가액

관리처분계획을 수립한 후, 조합원 총회의 의결로 30일 이상의 주민 공람을 거쳐 시장·군수 등에게 관리처분계획의 인가를 신청해야 합니다. 시장·군수 등은 인가여부를 결정하여 조합에게 통지하고, 지방자치단체의 공보에 고시하여야 합니다.

---

37)　도시정비법 제74조

| 권리처분계획 인가의 의미

재개발과 재건축이 진행되면서 **권리관계와 금액이 확정되는 단계**가 바로 '관리처분계획'인가의 단계라 할 수 있습니다. '관리처분계획'이란 **종전자산의 권리를 종후자산에 대한 권리로 전환시키는 계획이며 이를 통해 기존 건축물의 철거를 진행할 수 있습니다.**

또한 관리처분계획이 중요한 이유는 **세금 부과를 결정**하는 중요한 단계이기 때문입니다. 기본적으로 조합원이 보유한 부동산은 관리처분계획의 인가일을 기준으로 **조합원 입주권이라는 권리로 전환**됩니다. (자세한 설명은 7장 참조)

| 보류지

보류지는 분양 대상자의 누락이나 착오, 소송 등 만일의 사태에 대비해 가구 중 일부를 **분양하지 않고 유보한 물량**입니다. 아파트 완공을 몇 개월 앞둔 시점에 일반인에게 입찰방식을 통해 매도하며 청약통장이 없어도 만 19세 이상이면 누구나 가능합니다.

일반적으로 입찰 시 5천만원~1억원 가량의 보증금을 내야하며, 계약시점에 계약금을 지불해야 합니다. 또한 중도금이나 주택담보대출이 나오지 않아 자금 여력이 안 된다면 힘들 수 있습니다.

보류지 매각 정보는 '서울시 정비몽땅, 클린업시스템' 홈페이지에서 확인할 수 있습니다.

2-6
이주철거에서 공사 완료까지

관리처분계획이 인가되면 이제 본격적으로 이주철거를 하고 아파트 신축 공사를 시작하게 됩니다. 그 사이에 조합원 대상의 동호수 추첨을 하게 되며, 일반 분양물건에 대하여 일반분양 청약도 받게 됩니다.

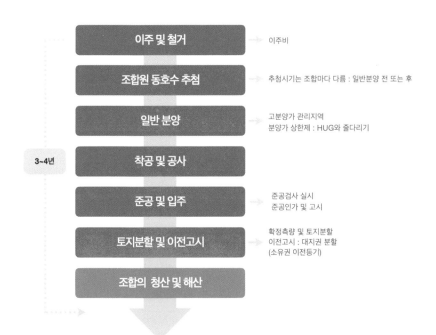

이주 및 철거	→	이주비
조합원 동호수 추첨	→	추첨시기는 조합마다 다름 : 일반분양 전 또는 후
일반 분양	→	고분양가 관리지역 분양가 상한제 : HUG와 줄다리기
착공 및 공사		
준공 및 입주	→	준공검사 실시 준공인가 및 고시
토지분할 및 이전고시	→	확정측량 및 토지분할 이전고시 : 대지권 분할 (소유권 이전등기)
조합의 청산 및 해산		

3~4년

│ 이주와 철거, 착공

관리처분계획이 인가고시되면 이주와 철거 그리고 착공 등의 절차를 밟아 갑니다. 먼저 기존 건축물의 철거(멸실)를 위해 이주가 시작됩니다. 조합은 이주 기한과 계획을 수립하고 조합원으로 부터 이주계획서를 받습니다. 원칙적으로 이주는 정해진 기간 내에 완료해야 합니다. (보통은 6개월)

해당 이주기간 내에 이주하지 않는 조합원에 대하여는 경제적, 시간적 손실에 따른 소송이 진행되기도 합니다. 즉, 건물의 명도소송, 손해배상청구 소송, 매도청구 소송 등이 제기될 수 있습니다. 이주가 완료되면, 기존 건축물의 철거가 이루어지고 착공이 개시됩니다.

한편 그 동안은 이주가 시작하면 시공사의 대출보증으로 조합이 **이주비**를 지급해왔습니다. 그런데 지난 2022.6.10.에 개정된 도시정비법에 의하면 투명한 정비사업을 위해 시공사가 시공과 직접적인 관련이 없는 사항에 대하여 다음과 같이 금전이나 재산상 이익을 제공하는 것을 금지하는 내용이 신설되었습니다.[38]

- 이사비, 이주비, 이주촉진비 등 시공과 관련 없는 사항에 대한 금전이나 재산상 이익을 제공하는 것
- 재건축의 경우에는 재건축부담금(재건축초과이익)

│ 일반분양

철거와 착공에 들어가게 되면 일반 분양 물량에 대하여 분양을 하게 됩니다. 조합원을 대상으로 하는 조합원 분양과는 다르게 일반 분양은 청약통장을 소지한 일반인을 대상으로 별도의 청약절차로 진행됩니다. 물론 조합원 대상의 분양가보다는 일반 분양의 분양가가 더 높습니다.

---

38) 　도시정비법 제132조 2항 (2022.12.11. 시행)

| 조합원대상 동/호수 추첨

조합원 대상의 동/호수 추첨은 사업시행계획 인가에 따라 조합원들이 분양 신청한 평형별로 무작위 추첨하게 됩니다. 상세 방식과 절차는 해당 조합의 정관이나 총회의 의결로 정합니다.

| 공사완료

공사가 완료되면 조합은 시장, 구청장 등으로부터 준공검사를 받아야 하고, 준공인가가 되면 해당 지자체는 준공인가 고시를 하고 준공 인가증을 조합에게 교부합니다.

준공인가의 고시가 있은 날의 다음 날에 준공인가에 따른 정비구역의 해제가 진행됩니다. 단, 정비구역이 해제되어도 아직 정산할 부분이 남이 있게 되므로 조합은 당분간 존속됩니다.

| 이전고시 및 등기

조합은 준공인가의 고시가 있은 때에는 **대지확정측량을 하고 토지의 분할 절차**를 거쳐 관리처분계획에서 정한 사항을 분양받은 자에게 통지하고 대지 및 건축물의 소유권을 이전하여야 합니다 [39]

또한, 이 내용을 해당 지자체의 공보에 고시합니다. 분양을 받은 사람들은 고시가 있은 날의 다음 날에 그 **대지 및 건축물의 소유권을 취득**하게 됩니다. 이전 고시 완료 이후에는 즉시 대지 및 건축물에 관한 등기를 지방법원지원 또는 등기소에 촉탁하거나 신청해야 합니다.

---

39) 도시정비법 제86조

│ 청산금의 징수 또는 지급

조합원이 종전에 소유했던 건축물 또는 대지의 권리가액과 분양받은 건축물 또는 대지의 가격과 차이가 나는 경우에는 조합은 이전고시가 있은 후에 그 차액에 상당하는 금액(이하 "청산금"이라 한다)을 분양받은 자로부터 징수하거나 분양받은 자에게 지급하여야 합니다.

즉, 조합원의 권리가액이 조합원 분양가보다 크면 청산금을 조합원에게 지급하여야 하며, 반대로 조합원 권리가액이 조합원 분양가보다 작으면 청산금을 조합원으로부터 징수해야 합니다.

조합은 조합 정관 등에서 분할징수 및 분할지급을 정하고 있거나 총회의 의결을 거쳐 따로 정한 경우에는 관리처분계획인가 후부터 이전고시가 있은 날까지 일정 기간별로 분할 징수하거나 분할 지급할 수 있습니다.

│ 조합의 해산

정비사업이 사실상 완료된 후에도 고의적으로 조합해산을 하지 않는 경우가 종종 발생하여 여러 사회적 문제가 발생했는데, 소유권 이전고시일 이후 1년 이내에 조합해산 총회를 소집하여 정상적으로 조합해산의 절차를 밟지 않는 경우에는 해당 지자체는 조합설립 인가를 취소할 수 있습니다.[40]

---

40) 도시정비법 제86조의 2

2-7
권리산정기준일

┃ 지분쪼개기와 권리산정 기준일

정비구역이 지정되거나 지정될 예정이면 해당 구역내 지분을 쪼개어[41] 아파트 입주권을 받으려고 합니다. 이 때 무분별하게 해당 구역내 소유자의 수가 급증하게 되면 그 만큼 사업성이 떨어집니다.

또한 재개발의 경우 신축주택이 많아지면 노후도 충족을 못하게 되어 정비사업 자체가 방해될 수 있습니다. 즉, 당초 목표했던 주거환경 개선을 어렵게 만듭니다.

이를 억제하기 위하여 일정 기준일(권리산정기준일)을 만들어 그 이후로는 해당 **구역내 지분 쪼개기나 주택 신축 등의 개발행위를 제한**하고 있습니다.

도시정비법에서는 **외부 투기 수요를 차단**하기 위해서 조합원으로서 분양신청을 할 수 있는 기준을 명확하게 하고 있는데, 이것이 바로 **'권리산정기준일'**입니다.[42]

여기서 '권리'라 함은 '조합원 분양을 신청할 수 있는 조합원 자격이 되는 권리'라고 할 수 있습니다.

---

41) 지분쪼개기 : '구분등기로 전환' 한다고 합니다.
42) 도시정비법 제77조

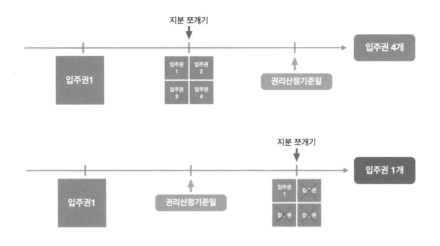

위의 그림과 같이 권리산정기준일 전에 지분쪼개기가 되면 각 소유자별로 조합원 입주권이 나오지만, 권리산정기준일 이후에 지분쪼개기가 되면 늘어난 소유자에게는 조합원 입주권이 나오지 않습니다.

┃ 권리산정 기준일의 지정

권리산정기준일은 보통은 **정비구역 지정고시가 있은 날**이지만 때로는 시·도지사가 투기를 억제하기 위하여 **기본계획 수립 후 정비구역 지정·고시 전에 따로 정하는 날의 다음 날**이 될 수도 있습니다. 이 때, 다음 각 호의 어느 하나에 해당하는 경우에는 분양 받을 권리를 제한합니다.

- 1필지의 토지가 여러 개의 필지로 분할되는 경우
- 단독주택 또는 다가구주택이 다세대주택으로 전환되는 경우
- 하나의 대지 범위에 속하는 동일인 소유의 토지와 주택 등 건축물을 토지와 주택 등 건축물로 각각 분리하여 소유하는 경우
- 나대지에 건축물을 새로 건축하거나 기존 건축물을 철거하고 다세대주택, 그 밖의 공동주택을 건축하여 토지등 소유자의 수가 증가하는 경우

권리산정기준일을 알아보기 위해서는 관할 지자체의 고시 정보를 확인하면 됩니다. (서울시의 경우에는 해당 구청의 정비구역지정 고시문)

한편, 해당 구역의 부동산의 소유자는 권리산정기준일을 거쳐 '토지 등 소유자'로 변경됩니다. 또한 '토지 등 소유자'는 해당 정비사업의 조합이 만들어지면 '조합원'으로 전환됩니다.

다음은 주요 사업별 권리산정기준일을 정리한 것입니다. 해당 사업별로 기준일이 틀리므로 반드시 정비구역 지정 고시문을 참고해야 합니다. (또는 해당 지자체나 조합 사무실 등에 문의하는 것이 좋습니다)

사업명	근거법	현황	권리산정 기준일
3080+ 도심공공주택 복합사업	공공주택 특별법 (2.4대책)	8차 발표	2021.6.29.
공공재개발	도시 및 주거환경 정비법 (5.6대책)	1차 발표	2020.9.21.
		2차 발표	2021.12.30.
		향 후	2022.1.28.
신속통합기획	도시 및 주거환경 정비법	1차 발표	2021.9.23.
		향후 공모구역	2022.1.28.
모아타운	소규모 주택정비 관리사업	시범단지	2022.1.20.
		1차 발표	2022.6.23.

2-8
원빌라와 전환다세대

재개발 구역내 빌라를 매수할 경우, 중개사 사무실에서 '원빌라'와 '전환다세대'로 구분하여 소개받는 경우가 있습니다. **원빌라**는 건축당시 다세대주택이나 연립주택 등으로 최초 공동주택으로 등기한 것을 뜻하고, **전환다세대는 단독주택이나 다가구주택을 공동주택으로 전환하여 소유권의 개수를 늘린 것을 말합니다.**[43]

보통, '지분쪼개기'의 방식은 크게 2가지가 있습니다.

첫 째는 다가구주택을 허물지 않고 공동주택으로 전환하는 방식이고(현재는 거의 없음), 두 번째는 단독주택이나 다가구주택을 아예 철거하고 공동주택을 신축하여 구분등기하는 방식으로 '신축쪼개기'라고도 합니다.

전환다세대 실제 모습

---

43) 분리다세대, 구분빌라, 쪼갠빌라, 분할빌라, 구분다세대 등 다양한 호칭이 있습니다.

따라서 권리산정기준일을 기준으로 입주권이 나오는지 여부를 명확하게 하기 위해 빌라(다세대주택, 연립주택)를 다음과 같이 3가지 유형으로 구분할 수 있습니다.

- 원빌라 (원 다세대) : 건축당시 최초 공동주택으로 등기한 빌라
- 전환다세대 : 단독주택이나 다가구주택을 다세대주택으로 전환한 경우
- (철거후) 빌라를 신축한 경우

이 중에서 원빌라는 처음부터 공동주택이므로 권리산정기준일의 적용과는 무관하며, (철거후) 빌라를 신축한 경우에는 앞서 설명한 바와 같이 신축한 일자가 권리산정기준일을 기준으로 전과 후인지만 따져보면 큰 문제가 없습니다. 조합원 입주권이 나올지 좀 더 따져 볼 것은 '전환다세대'입니다.

| 전환다세대 주택의 입주권

전환다세대는 노후도가 심한 재개발 구역에서 종종 거래되는 물건입니다. 전환다세대에 대한 이해를 하려면 우리나라 도시정비법 및 건축법 등의 변천 과정을 알아야 하는데, 핵심만 정리하면 다음과 같습니다.

1995년 건축법 개정으로 **'구분등기'**만 하면 다가구주택을 쉽게 다세대주택으로 바꿀 수 있었습니다. 이런 지분쪼개기 방식은 당시에는 상당히 유행했으나 여러 가지 부작용으로 인해 도시정비법이 제정되면서 제동이 걸리게 되었습니다.[44]

즉, 2003.12.30.을 기준으로 이 날부터 '구분등기로 전환'된 경우는 분양자격을 인정하지 않게 되었습니다. 이 날 이전에 구분등기된 경우에도 쪼개어진 수 만큼의 분양자격을 주되 전용면적이 60m² 이하로 쪼개어진 지분에 대하여는 전용면적 60m² 이하의 주택을 공급해 주거나 임대주택을 공급해 주

---

44) 도시정비법 제정에 따른 서울시 조례의 시행 (2003.7.1. 시행)
　　서울특별시 도시 및 주거환경정비 조례 제4167호

는 것으로 제한하였습니다. (단, 전용면적이 $60m^2$를 초과하여 쪼개어진 지분에 대해서는 제한이 없습니다.)

앞에서 설명한 2003.12.30.부터 시행된 조례로 인해 이 날 이후로는 다세대 전환이 금지되어 소유자가 다수인 경우에도 1인만 입주권 자격이 됩니다.(이 조례를 '**구조례**'라고 합니다.)

전환 다세대주택의 확인은 등기부등본이나 건축물대장을 통해 확인할 수 있습니다. 다가구주택이 다세대주택으로 전환된 날짜와 전환사실이 표시되어 있습니다.

그런데 여기에서 불공평한 경우가 발생하게 됩니다. 예를 들어 전환다세대주택을 매수한 소유자들이 장시간 그 주택에 거주해 오다가 재개발 사업이 시작된다면 이 들도 '현금청산대상'이 된다는 것입니다.

따라서 이 들에 대한 구제방안으로 2010.7.16. 기준으로 '기본계획'이 수립된 지역에서는 소위 '권리산정기준일'을 지정하여 이 날을 기준으로 신축이나 지분쪼개기를 한 경우에는 분양받을 권리를 주지 않게 되었습니다. (이를 '**신조례**'라고 합니다.) 보통은 정비구역의 지정일이 되는데 투기가 예상되는 지역에서는 그 전이라도 따로 특정일을 지정할 수도 있습니다.

단, 한 가지 주의할 점은 현재의 지분쪼개기 금지 규정에도 불구하고 2008.7.30. 이전에 건축허가를 받은 경우에는 지분쪼개기도 인정됩니다.

지금까지의 내용을 요약하면 그림과 같이 전환 다세대주택인 경우와 멸실 후 신축쪼개기된 다세대주택으로 구분하여 입주권 여부를 파악하면 되며 이를 정리하면 오른쪽 그림과 같습니다.

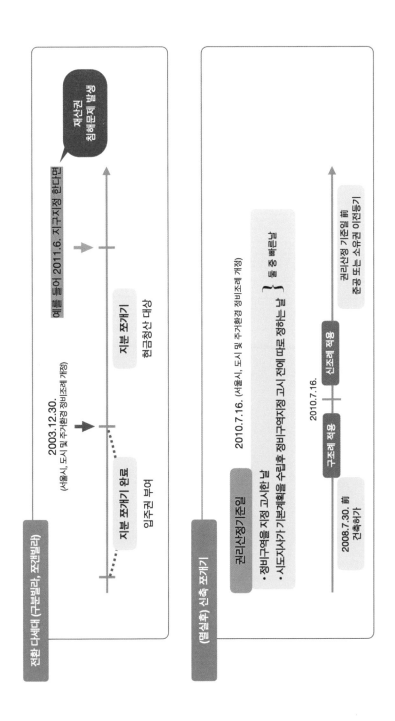

전환 다세대 (구분빌라, 쪼갠빌라)

2003.12.30.
(서울시, 도시 및 주거환경 정비조례 개정)

지분 쪼개기 완료
입주권 부여

지분 쪼개기
현금청산 대상

예를 들어 2011.6. 지구지정 한다면

재산권
침해문제 발생

(멸실후) 신축 쪼개기

권리산정기준일
• 정비구역을 지정 고시한 날
• 시·도지사가 기본계획을 수립후 정비구역지정 고시 전에 따로 정하는 날 } 둘 중 빠른날

2010.7.16. (서울시, 도시 및 주거환경 정비조례 개정)

2010.7.16.

2008.7.30. 前
건축허가

구조례 적용

신조례 적용

권리산정 기준일 前
준공 또는 소유권 이전등기

61

2-1 : 투기과열지구에서의 조합원 지위양도 제한

투기과열지구에서는 투기억제를 위해서 조합원의 지위 양도를 엄격하게 제한하고 있습니다.[45]

조합원 지위양도 제한

투기과열지구로 지정된 지역에서 재건축의 경우에는 조합설립인가 후, 재개발의 경우에는 관리처분계획 인가 후 해당 정비사업의 건축물 또는 토지를 양수한 자는 조합원이 될 수 없습니다. 즉, 매매나 증여 등을 통해 양수한 자는 조합원이 될 수 없습니다.

조합원 지위양도 제한의 예외사항

양도인이 다음과 같은 경우에 해당할 때에는 그 양수인에게 조합원 지위의 양도가 허용됩니다.

1. 불가피하게 양도하는 경우

① 상속·이혼으로 양도하는 경우

② 세대원의 근무상 또는 생업상의 사정이나 질병치료·취학·결혼으로 세대원이 모두 해당 사업구역에 위치하지 아니한 특별시·광역시·특별자치시·특별자치도·시 또는 군으로 이전하는 경우

③ 조합원이 다른 지역의 주택을 상속받아 그 상속받은 주택으로 이전하기 위해 당해 정비사업의 주택을 파는 경우

④ 해외로 이주하거나 세대원 모두 2년 이상 해외에 체류하려는 경우

⑤ 1세대 1주택자가 10년 이상 소유하고 5년 이상 거주한 경우

⑥ 2003.12.31.이전에 조합설립인가를 받은 토지 등 소유자로부터 상속·이혼으로 건축물 또는 토지를 소유한 자

⑦ 국가, 지방자치단체 및 금융기관에 대한 채무를 이행하지 못하여 토지 또는 건축물이 경매 또는 공매되는 경우

---

45) 도시정비법 제39조, 도시정비법 시행령 제37조

- 금융기관 : 은행법상의 은행, 중소기업은행, 상호저축은행, 보험회사, 농협, 수협,
  신협, 새마을금고, 산림조합중앙회, 한국주택금융공사, 체신관서 등
- 한국자산관리공사의 압류재산 공매
- **대부업체나 개인 채권자의 경매신청으로 인한 매수는 허용되지 않음**
⑧ 투기과열지구로 지정되기 전에 건축물 또는 토지를 양도하기 위한 계약을 체결하고,
투기과열지구로 지정된 날부터 30일 이내에 부동산 거래의 신고를 한 경우

2. 사업단계별 일정 기간 이상 사업이 지연되는 경우

① 조합설립인가일부터 3년이상 사업시행인가 신청이 없는 재건축사업의 건축물을
3년 이상 계속하여 소유하고 있는 자가 사업시행인가 신청 전에 양도하는 경우
[재개발사업에는 해당 안 됨]

② 사업시행계획인가일부터 3년 이내에 착공하지 못한 재건축사업의 토지 또는
건축물을 3년 이상 계속하여 소유하고 있는 자가 착공 전에 양도하는 경우
[재개발사업에는 해당 안 됨]

③ 착공일부터 3년 이상 준공되지 않은 재개발사업·재건축사업의 토지를 3년 이상
계속하여 소유하고 있는 경우
[재개발사업에도 적용 됨]

3. "도시정비법"의 부칙으로 전매가 인정되는 경우

① 2003.12.30.이전에 투기과열지구안에서 주택재건축 정비사업조합의 설립인가를
받은 정비사업의 조합원으로부터 건축물 또는 토지를 양수한 자는 조합원 자격을
취득할 수 있습니다.[46]

② 2018.1.24.이전에 투기과열지구안에서 최초 사업시행인가를 신청한 재개발사업은
관리처분계획인가 이후에도 전매제한이 적용되지 않습니다.[47]

---

46) 법률 제7056호 2003.12.31.
47) 법률 제14943호 2017.10.24.

2-2 : 투기과열지구에서의 재당첨 금지

투기과열지구 내 정비사업의 일반분양 또는 조합원 분양에 당첨된 세대에 속한 자는 분양대상자 선정일로부터 5년간 투기과열지구내의 정비사업 일반분양 또는 조합원 분양의 재당첨을 제한하고 있습니다.[48]

이때 분양대상자 선정일은
· 정비사업 조합원의 분양신청일 경우 : 최초 관리처분계획인가일
· 정비사업 일반분양 신청일 경우 : 분양공고 후 당첨일

단, 2017.10.24.전부터 재개발 구역 내에 주택 등을 소유하고 있었다면 예외적으로 재당첨이 허용될 수 있습니다. 또한, 조합원 분양신청에 대하여는 최초 관리처분계획인가일을 기준으로 하기 때문에 투기과열지구내에 있는 물건이라도 2017.10.24.전에 최초 관리처분계획인가가 난 경우에는 분양권 재당첨 제한대상이 아닙니다.

투기과열지구에서 전매제한 예외 사항에 해당되는 사유로 관리처분계획 인가 후에 조합원 입주권을 매수한 경우에는 (즉, 조합원 지위를 양도받은 경우) 재당첨 제한대상이 될 수 없습니다.

따라서, 투기과열지구내 재당첨 제한에 해당하는 투자자일 경우, 전매제한 예외 사항에 해당되는 관리처분계획 인가일 이후의 물건에 관심을 갖는 것도 좋은 방법이라 판단됩니다.

또한, 조합원 지위의 양도제한과 분양권 재당첨제한 규정은 모두 투기과열지구 내에서만 해당되므로 투기과열지구가 아닌 지역의 정비사업 물건에 관심을 갖는 것도 좋습니다.

---

48)   도시정비법 제72조 제6항

2-3 : 입주권과 분양권

조합원 입주권과 분양권은 다음과 같이 구분됩니다.

조합원 입주권이란

'도시정비법'에 의한 재개발·재건축에 있어서는 관리처분계획인가로 취득한 입주자로 선정된 지위를 말하고 '빈집 및 소규모주택 정비에 관한 특례법'에 의한 자율주택정비사업, 가로주택정비사업, 소규모재건축사업 또는 소규모재개발사업에 있어서는 사업시행계획인가로 취득한 입주자로 선정된 지위를 말합니다.[49]

즉, 아직 철거(멸실)가 되지 않았다 하더라도 조합원 입주권으로 전환되는 시점을 관리처분계획 인가일(또는 사업시행계획인가일)을 기준으로 하고 있습니다.

재건축 사업의 입주권 개수

과밀억제권역이 아닌 곳에서는 조합원이 구역내 소유한 주택 수 만큼 입주권이 나오지만 과밀억제권역에서는 총 3채까지 입주권이 나옵니다.

그런데 조정대상지역이나 투기과열지구내에서 2018.2.9. 이후 최초로 사업시행인가를 신청한 구역에서는 1채에 대하여만 입주권이 나옵니다. (과밀억제권과는 무관합니다.) 단, '1+1 입주권'은 가능합니다.

분양권이란

'주택법' 등에 따라 주택에 대한 공급계약을 통하여 주택을 공급받는 자로 선정된 지위를 말합니다. 즉 일반적인 주택청약을 통해 당첨된 지위를 말합니다.[50]

일반적으로 조합원 입주권이 분양권보다는 유리합니다. 조합원 대상의 분양가는 일반인 분양가보다 저렴하고, 또한 조합원은 일반 분양으로 받는 아파트보다 좋은 동호수 배정(로얄동, 로얄층 등), 이주비 지급, 발코니 무료 확장, 시스템 에어컨 무상설치, 기타 빌트인 가전제품 등 다양한 혜택이 주어집니다.

---

49)　소득세법 제88조 제9호
50)　소득세법 제88조 제10호

BOOK +

구분	입주권	분양권
의미	조합원 자격으로 입주할 수 있는 권리	청약 당첨으로 입주할 수 있는 권리
권리발생시기	권리처분계획인가일 (또는 사업시행계획인가일)	청약 후 당첨계약 이후
청약통장	무관	청약통장 필요
취득세	멸실 후에는 토지가격의 4.6%	없음
재산세	멸실 후에는 토지에 대한 재산세	없음
양도세 주택수산입	있음	있음
투입자금	초기에 목돈이 필요	분양 당첨후, 10~20%의 계약금
분양가	일반 분양가 보다 낮게 형성된다.	조합원 분양가보다 높게 형성된다.
배정 동호수	일반 분양신청보다 로열동, 로열층으로 배정	상대적으로 좋지 않은 동호수 배정
기타	발코니 확장 등 무상옵션이 많다.	옵션이 유상이다.

2-4 : 토지거래 허가구역

토지의 투기적인 거래가 성행하거나 지가[地價]가 급격히 상승하는 지역과 그러한 우려가 있는 지역으로 각종 개발사업으로 인한 투기수요 유입을 차단하기 위해 국토교통부 장관[또는 시·도지사]은 실수요자에게만 거래허가를 하겠다는 의지로 토지거래허가구역을 지정할 수 있습니다.[51]

허가 구역에 있는 토지에 대한 소유권과 지상권을 이전하거나 설정하는 계약 등을 체결하려는 자는 시장·군수 또는 구청장의 허가를 받아야 합니다.[52] 이 경우 다음과 같은 사항을 준비해야 합니다.

- ·허가신청서
- ·토지 이용계획서
- ·취득자금 조달계획서

단, 허가구역 내라 하더라도 일정 면적을 초과하지 않은 경우에는 허가대상이 아니며 '민사집행법'에 따른 경매로 낙찰 받은 경우에도 허가대상이 아닙니다.[53]

토지거래 허가구역의 지정이나 재지정은 재개발이나 재건축과 같은 정비구역의 지정여부와 관계없이 지정할 수 있으며 지정횟수도 제한이 없습니다.

현재 도시지역에 각 용도지역별 토지거래허가대상 면적은 다음과 같습니다.[54]

- ·주거지역 : 6㎡ 초과일 경우
- ·상업지역 : 15㎡ 초과일 경우
- ·공업지역 : 15㎡ 초과일 경우
- ·녹지지역 : 20㎡ 초과일 경우

---

51) 부동산 거래신고 등에 관한 법률 제10조 제1항
52) 부동산 거래신고 등에 관한 법률 제11조 제1항
53) 부동산 거래신고 등에 관한 법률 제14조
54) 2022.4.21.재지정 기준, 자세한 것은 토지이음(http://eum.go.kr) 또는 자치구 홈페이지 참조

BOOK +

주택을 매수하는 경우

토지거래허가구역 내의 주택을 매수하는 경우 다음 요건을 모두 지켜야 허가가 나옵니다.

    ① 구입주택이 최종 1주택

    ② 계약일로부터 3개월 이내 잔금

    ③ 잔금일로부터 6개월 이내 입주

    ④ 입주 후 2년간 실거주

즉 매수인이 실수요 목적이 뚜렷함을 입증해야 하는데 만약 임차인이 있을 경우에는 매수자가 해당기간내에 임차인과의 계약이 종료됨을 소명해야 합니다. 다가구 주택의 경우에는 일부 공간을 임대목적으로 활용하는 것은 가능하며 이용실태 조사가 나올 수 있습니다.

상가를 매수하는 경우

보통 상가는 근린생활 시설인 경우가 많은데, 해당 공간을 전부 이용할 필요는 없습니다. 단, 본인이 사용하지 않는 공간(즉, 임대를 주는 공간)과 명확하게 구분되어야 하며 이용실태 조사가 나올 수 있습니다.

2-5 : 분양가 상한제

분양가 상한제는 서민들에게 주택공급이 원활하게 이루어질 수 있도록 분양가격이 과도하게 책정되는 것을 억제하기 위한 제도입니다. 즉, 주택 값 안정화를 위해 일부 지역에서 신규 아파트의 분양가격을 일정 수준으로 제한하고 있습니다.

6개월 마다 조정되는 기본형 건축비에 택지 감평가와 건축비 및 택지 가산비를 더해 분양가 상한선을 결정하는 방식입니다. 현재 분양가 상한제가 적용되는 지역은 다음과 같습니다. [2022.8.1.기준]

집값 상승 선도 지역	서울		강남, 서초, 송파, 강동, 영등포, 마포, 성동, 동작, 양천, 용산, 중구, 광진, 서대문
	경기	광명	광명, 소하, 철산, 하안
		하남	창우, 신창, 덕풍, 풍산
		과천	별양, 부림, 원문, 주암, 중안
정비사업 등 개발 지역	서울	강서	방화, 공항, 마곡, 등촌, 화곡
		노원	상계, 월계, 중계, 하계
		동대문	이문, 휘경, 제기, 용두, 청량리, 답십리, 회기, 전농
		성북	성북, 정릉, 돈암, 길음, 동소문2-3가, 보문동1가 안암동3가, 동선동4가, 삼선동 1-2-3가
		은평	불광, 갈현, 수색, 신사, 증산, 대조. 역촌

3 신통기획에서 모아타운, 역세권 시프트

BOOK +

3-1
신속통합기획

| 신속통합기획이란

2021.9.23.에 서울시가 주택공급을 원활하게 위해 발표한 정책으로 정비계획 수립단계에서부터 서울시가 공공성과 사업성의 균형을 이룬 가이드라인을 제시하고 신속한 사업추진을 지원하는 **공공지원계획**입니다.

신속통합기획(이하 '신통기획'이라 한다)의 시범단지로 선정된 신림1구역의 경우 무허가건축물(뚜껑)이 40%에 달해 사업진행이 지지부진했지만 신통기획을 통해 용적률이 대폭 완화되어 4,100여 세대의 대규모 단지로 거듭나게 되었습니다.

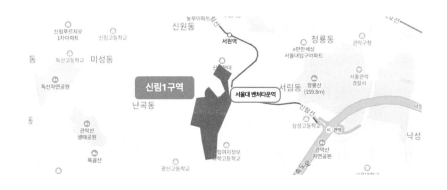

▎절차의 간편화·신속화

신통기획은 정비사업 절차를 간편하게 하기 위해 '정비계획'에 '지구단위계획'을 포함시킴으로써 정비계획의 수립기간을 단축시켰습니다. 또한 특별분과(수권)위원회를 구성하여 중요사항에 대한 신속한 의사결정을 내리도록 했습니다.

여기서 의결된 사항은 도시계획위원회 본회의와 동일한 효력을 갖게 되어 **정비구역 지정을 위한 시간이 대폭 단축**됩니다. 또한, 건축·교통·환경 등의 개별 심의과정을 하나로 통합하여 **사업시행계획의 인가과정도 대폭 단축**했습니다.

▎유연한 도시계획 기준의 적용

종전 정비사업에 적용되었던 일률적인 높이규제를 탈피하여 지역특성에 따라 탄력적으로 높이 기준을 적용하도록 했습니다. 즉, 종전의 '2종 7층' 규제를 '2종 일반주거지역'으로 조정해주고 층수 완화시 공공시설의 부담을 줄여 주기로 했습니다.

또한, 역세권 활성화와 주택공급을 위하여 상업·업무·주거 등의 고밀도 복합개발이 가능토록 하였습니다. 이에 따라 용적률은 최대 700%까지 허용하도록 했습니다.

| 대상사업

- 주택정비형·도시정비형 재개발사업
- 재건축사업
- 재정비촉진사업[55]
- 도시·건축 관련 위원회에서 신속통합기획 수립을 권고한 지역

| 추진절차

① 신속통합기획 수립의향서 제출(주민→자치구→서울시)
② 도시계획과/도시계획상임기획과/관계부서 사전검토
③ 선정회의 개최(서울시), 선정결과의 통보
④ 신속통합기획 자문단 구성 및 정비계획 수립

| 추진현황

지난 2021.12.27.에 1차로 후보지 21곳(신통기획 재개발)을 선정하였으며 이들 구역에 대하여 2022년에 정비계획안을 만들어서 2023년부터 정비구역 지정절차를 밟을 계획입니다. 정비구역 지정까지 통상 5년 이상의 시간이 걸렸던 것이 대폭 줄어들게 되었습니다.

각 후보지별 사업진행현황은 '서울시 정비사업 정비몽땅'에서 확인할 수 있습니다. 또한 신통기획 재개발 후보지의 2차 선정을 위하여 지역공모 절차를 2022.10.27.까지 진행하고 있습니다.

다음 그림은 신통기획 재개발 1차 선정 후보지입니다.

---

55) 도시재정비 촉진을 위한 특별법 제2조

자치구	구역명	면적 (m²)
종로구	창신동 23 / 숭인동 56 일대	84,354
용산구	청파 2구역	83,788
성동구	마장동 382 일대	18,749
동대문구	창신리동 19 일대	27,981
중랑구	면목동 69-14 일대	58,540
성북구	하월곡동 70-1 일대	79,756
강북구	수유동 170 일대	12,124
도봉구	쌍문동 724 일대	10,619
노원구	상계동 5동 일대	192,670
은평구	불광동 600 일대	13,004
서대문구	홍은동 8-400 일대	71,860
마포구	공덕동 A	82,320
양천구	신월7동 1구역	115,699
강서구	방화2구역	34,906
구로구	가리봉2구역	37,672
금천구	시흥동 810 일대	38,859
영등포구	당산동6가	31,299
동작구	상도14구역	50,142
관악구	신림7구역	75,600
송파구	마천5구역	106,101
강동구	천호A1-2구역	30,154

신통기획 재개발 1차 후보지

| 신통기획 투자 판단

신통기획은 심의 및 인허가 과정을 간소화하고 도시계획을 유연하게 적용하여 정비사업을 활성화하는 것이 핵심입니다. 사업의 효율성은 높아졌지만 기존의 지구지정-조합설립-사업시행계획인가-시공사선정-관리처분계획인가 등 일련의 과정을 거쳐야 합니다.

현재 1차로 선정된 후보지 21곳도 지구지정 절차를 준비하고 있습니다. 또한 후보지로 선정되면 토지거래허가구역으로 지정됩니다.

신통기획은 사업 속도와 사업성 향상에는 큰 도움이 되지만 **아직 사업초기라는 것과 토지거래허가구역으로 지정되므로 거래가 불편해진다**는 것에 유의하여야 합니다. (투자구역 선정과 투자가치의 판단에 관해서는 4장에서 설명하겠습니다.)

3-2
모아주택과 모아타운

모아주택과 모아타운은 지난 2021.2.4. '대도시권 주택공급 확대방안'에서 추진된 **'소규모 정비사업 활성화'**로 시작하였습니다.

한편 서울시는 2022.1.13.에 재개발 요건을 충족하지 못해 대규모 재개발이 어려운 노후 저층주거지에 적용시켜 모아주택과 모아타운을 도입한다고 발표 했습니다.[56]

| 모아타운이란?

모아타운이란 블록 단위의 모아주택이 집단적으로 추진되는 10만m² 이내의 지역을 한 그룹으로 묶어 하나의 대단지 아파트처럼 체계적으로 관리하고, 다양한 편의시설을 확충하는 개발방식입니다.

모아타운은 **'소규모주택정비 관리지역'**[57] 방식을 활용해 노후도 50% 이상, 면적 10만m² 이내 지역으로 지정합니다.

---

56) 재개발 어려운 저층주거지 新정비모델 '오세훈표 모아주택'
  - 2026년까지 3만호 (2022.1.13. 서울시)
57) 빈집 및 소규모주택 정비에 관한 특례법, 제2조 제1항 9호

즉, 신축·노후주택이 혼재되어 광역 개발이 곤란한 저층 주거지로, 기반시설 계획과 소규모정비사업 계획을 함께 수립하여 체계적으로 정비할 필요가 있는 지역으로 지정합니다.

서울시는 **모아타운내 지하 주차장을 통합하여 하나로 연결하고 지역 내 부족한 공영 주차장 및 공원 등의 기반 시설을 조성하는 예산을 지원합니다.**[58]

따라서 나홀로 아파트의 무분별한 난립을 억제하고 체계적으로 관리되는 쾌적한 주거 단지가 형성됩니다.

모아주택이란?
자율주택형, 가로주택형, 소규모재개발형, 소규모재건축형 등의 소규모주택정비사업을 총칭하는 것으로 정비계획수립, 추진위승인, 관리처분인가 등의 절차가 생략되어 2~4년이면 사업을 완료할 수 있습니다.
(Book+ 3-1 참조)

| 추진현황 및 계획

서울시는 소규모주택정비사업이 집단적으로 추진되고 있는 강북구 번동(5만m²)과 중랑구 면목동(9.7만m²)의 2개소를 모아타운 시범사업지로 선정했으며 지난 2022.2.에 첫 공모를 거쳐 2022.6.23.에 사업 대상지 21개소를 선정했습니다.

특이한 것은 도시재생 활성화 지역 6곳도 포함되었습니다. 재개발을 추진하기 위해 도시재생사업의 전면 취소가 불가피한 지역들이지만, 모아타운의 경우 도시재생 활성화 계획을 변경해 재생사업과 연계 추진이 가능합니다.

또한 2022.10.경에 20개 내외의 대상지를 추가로 선정할 예정이며 5년간 매년 20개소씩 지정하여 2026년까지 100여 곳을 지정할 계획입니다.

---

58) 문화시설, 운동시설, 도서관, 카페 등의 편의시설도 조성합니다,

| 모아타운의 장점

'모아타운'으로 지정되면 다음과 같은 다양한 인센티브가 제공됩니다.

- 층수 및 용적률 완화 : 2종(7층이하) 지역에 대하여 층수 제한을 완화하여
  15층(평균 13층)까지 상향
- 용도지역 상향 : 일반 주거지역의 용도지역을 1단계 상향
- 공공 건축가를 통한 설계의 지원
- 공공 및 기반시설 조성을 위해 각 모아타운 사업지 별로 최대 375억원씩 지원
- 노후도 조건을 완화하고 동의요건을 단순화함

신통기획의 경우에는 노후도, 과소필지, 접도율, 호수밀도의 항목으로 평가하기 때문에 구역선정이 까다롭지만 **모아타운은 노후도 항목만으로 선정합니다.**

| 모아타운의 사업절차

모아타운은 정비계획의 수립이나 조합설립 추진위원회의 구성과 같은 절차가 생략되고 **관리처분이 사업시행계획 수립에 통합**되어 사업기간이 약 5년 정도로 축소될 것으로 기대됩니다.

| 모아타운 관리계획의 수립과 승인절차

　모아타운 지정은 자치구에서 직접 모아타운 계획을 수립하거나 주민이 직접 계획수립 제안을 통해 추진할 수 있습니다. 다만, 대규모 재개발이 어려운 노후 저층주거지를 정비하는 모아타운 사업의 특성상 재개발을 추진하거나 또는 예정된 지역은 제외됩니다.[59]

자치구 공모방식

　서울시가 공모·공고를 하면 자치구에서 공모신청하는 방법으로 서울시는 선정위원회의 심의를 거쳐 공모결과와 함께 권리산정기준일을 고시하게 됩니다. 이에 따라 해당 자치구는 관리계획을 수립합니다.

주민제안 방식

　일정 요건[60]을 만족하는 구역의 주민이 직접 관리계획(안)을 마련하여 자치구에 제안하는 방식으로 사전에 전문가 자문을 통하여 관리계획 수립을 하게 됩니다.

　자치구는 주민제안에 따른 적정 여부를 검토하여 서울시에 관리계획 승인을 신청하고 서울시는 심의결과와 권리산정기준일을 고시하게 됩니다. 이에 따라 해당 구역의 주민은 관리계획을 수립합니다.

　관리계획 수립시 도시계획, 건축, 경관, 교통 등 '모아타운 관리계획 수립 전문가 자문단'의 사전자문을 통해 관리계획에 대한 적정성 확보 및 완성도를 높이도록 합니다. 서울시가 주민공람(14일 이상) 후 통합 심의를 통해 모아타운 관리계획을 승인하고 모아타운으로 지정고시합니다.

---

59) 기존의 재개발·재건축 등의 정비구역과 예정지역을 말합니다.
60) 조합 : 소규모주택정비사업 시행을 위해 설립된 조합 2개 이상
　　토지등 소유자 : 모아주택 예정지(2개소 이상)각각 대상으로 토지면적 2/3이상 동의

| 모아타운 대상지 1차 선정결과

자치구	구역명	면적 (㎡)
종로구	구기동 100-48 일원	64,231
성북구	마장동 457 일원	75,382
성동구	사근동 190-2 일원	66,284
중랑구	면목 3·8동 44-6 일원	76,525
중랑구	면목본동 297-28 일원	55,385
중랑구	중화1동 4-30 일원	75,015
중랑구	망우3동 427-5 일원	98,171
강북구	번동 454-61 일원	53,351
도봉구	쌍문동 524-87 일원	82,630
도봉구	쌍문동 494-22 일원	31,303
노원구	상계2동 177-66 일원	96,000
서대문구	천연동 89-16 일원	24,466
마포구	성산동 160-4 일원	83,265
마포구	망원동 456-6 일원	82,442
양천구	신월동 173 일원	61,500
양천구	신월동 102-33 일원	75,000
강서구	방화동 592 일원	72,000
구로구	고척동 241 일원	25,000
구로구	구로동 728 일원	64,000
송파구	풍납동 483-10 일원	43,339
송파구	거여동 555 일원	12,813

대상지로 선정된 21곳은 해당 자치구에서 관리계획을 수립한 뒤 서울시에서 주민 공람, 통합 심의 등 절차를 거쳐 모아타운의 법적 효력을 가지는 **소규모주택정비 관리 지역으로 지정**됩니다.

시는 모아타운 지정을 위한 관리계획 수립에 필요한 비용(최대 2억)을 지원합니다. 올해 하반기 관리계획 수립에 착수해, 이르면 연말부터 2023년 상반기까지 순차적으로 **모아타운 지정**이 이뤄지게 됩니다.

| 권리산정기준일

모아타운 시범단지로 선정된 도봉구 번동과 중랑구 면목동의 경우에는 권리산정기준일이 2022.1.20.이고, 이번 1차 대상지에 대한 권리산정기준일은 2022.6.23.입니다. 권리산정기준일까지 착공신고를 득하지 못한 사업의 토지 등 소유자는 추후 해당 필지에서 모아주택(소규모주택정비사업)이 시행될 경우 현금청산 대상이 됩니다.

단, 권리산정기준일까지 착공신고를 득하였을 경우라도 개별 모아주택(소규모주택정비사업)의 조합설립인가 전까지 소유권을 확보해야 분양대상이 될 수 있습니다

또한 권리산정기준일로부터 2년 내에 모아타운이 지정되지 않거나, 모아타운 계획(소규모주택정비 관리계획) 수립지역에서 제외되는 필지에 대한 권리산정기준일은 자동 실효됩니다.

| 조합설립후 조합원 양도제한

투기과열지구로 지정된 지역에서 가로주택정비사업, 소규모재건축사업 또는 소규모재개발사업을 시행하는 경우 **조합설립인가 후에는 조합원 지위양도가 제한되니** 주의하여야 합니다.[61]

단, 지나친 재산권 침해라는 지적에 따라 **주택 양도자가 5년 이상 주택을 소유하고 3년 이상 거주한 후 주택을 양도하는 경우**에는 양수자가 조합설립인가 후 주택을 양수했더라도 조합원이 될 수 있도록 했습니다.[62]

(Book+ 3-4 참조)

| 모아타운 투자 판단

모아타운도 절차의 신속성과 도시계획의 완화라는 투자 인센티브가 있는 사업입니다. 게다가 조합추진위 설립과 관리처분계획 수립 절차가 생략되어 더욱 속도감 있게 진행될 수 있습니다. 또한 서울시에서 공적예산을 지원해주기까지 합니다.

---

61) 빈집 및 소규모주택 정비에 관한 특례법 제24조 제2항 (자율주택형은 해당없음)
   2022.8.4. 이후 조합설립인가를 받을 경우
62) 빈집 및 소규모주택 정비에 관한 특례법 시행령 제22조 제1항 (2022.8.2. 신설)

그러나 모아타운은 여러 개의 모아주택 사업장(조합)을 '**건축협정제도**'를 이용하여 대형 아파트 단지로 만드는 것입니다. 즉 모아타운 사업이 종료되더라도 개별 사업장별로 소유권이 구분되어 존재하는 상황에서 통합주차장이나 공원 등의 공유공간에 대한 소유와 관리의 문제가 남아있게 됩니다.

따라서 다음과 같은 사항을 파악하여 신중한 투자가 필요합니다.

첫 번째, 각 **사업장별 조합의 연대의식과 협력체계의 구축**이 중요합니다. 즉, 시공사 선정, 철거 및 착공에 있어서 사업장간 협력이 잘 되어야 비용절감과 공사의 품질을 높일 수 있습니다. 사업속도도 서로 보조를 맞추는 것도 중요합니다.

두 번째, **공사 완료 후 확보한 통합부설주차장, 공원, 공용도로 등에 대한 공동관리 시스템**이 잘 갖춰져야 합니다. 예를 들어 주차장에 누수나 기타 하자 발생 등의 문제가 생길 경우, 이에 대한 비용 부담 등 입주 후 관리체계가 잘 작동되어야 합니다.

서울시 모아타운 관리계획 수립지침[63]에는 사업시행인가 단계에서 향 후 입주에 따른 운영관리에 주민간 분쟁이 발생하지 않도록 구체적인 운영관리계획을 수립하도록 한다고 명시되어 있지만 실제로 준공 후 '건축협정관계'만으로 얼마나 체계적으로 운영될지는 미지수입니다.

세 번째, 모아타운은 **조합 설립후에는 조합원 지위 양도가 제한**된다는 점에서 투자시 주의해야 합니다. 조합설립후 재산권 행사에 어려움이 생길 수 있기 때문입니다.

---

63)   서울시 모아타운 관리계획 수립지침 (2022.7. 서울시)

3-3
공공재개발과 공공재건축 (서울시 공공지원)

　　2020.5.6.과 2020.8.4.에 주택공급 확대방안으로 공공재개발과 공공재건축이 도입되었습니다. 일반적인 재개발과 재건축은 민간(조합)이 시행자로 사업을 주도하지만 공공재개발과 공공재건축은 공공[64]이 사업시행자로 참여하여 민간이 주도하는 것보다 사업진행 속도를 빠르게 하는 방식입니다.[65]

| 인센티브

- 용도지역의 상향 및 용적률 완화, 기부채납 완화
- 분양가상한제의 미적용
- 신속한 인허가
- 사업비 및 이주비 지원
- 기반시설의 국비지원(공공재개발)
- 원주민의 이주 지원으로 재정착률 향상

---

64) 공공은 LH(한국토지주택공사)와 SH(서울주택도시공사)를 말합니다.
65) 도시정비법 제101조의 2~7

| 주택 공급의 공공성 확보

주택공급의 공공성을 담보하기 위하여 증가되는 세대수의 일부를 공공임대주택으로 공급하도록 되어 있습니다.

공공재개발에 있어서는 **용적률 완화 및 분양가상한제 제외** 등의 특례를 부여하는 대신 조합원 분양분을 제외한 나머지의 50%를 임대로 공급하고(공공기여), 도시계획위의 심의를 거쳐 법정상한의 120%까지 건축을 허용하되 증가한 용적률의 20~50%는 주택으로 기부채납하게 됩니다.

공공재건축에 있어서는 조합원분양분과 일반분양분을 제외한 추가 용적률의 50%를 **공공임대주택**으로 공급해야 합니다.[66]

| 사업시행의 주체

공공재개발과 공공재건축은 공공의 투명한 사업관리로 시공사 선정시 주민과의 갈등을 최소화하고 업체와의 비리를 차단하며 그에 따른 사업지연과 비용증가 등을 방지할 수 있는 장점이 있습니다.

사업진행은 **공공과 주민이 공동으로 시행**할 수 있고, **공공 단독**으로도 사업시행이 가능합니다. 공공이 사업시행자로 참여하기 위해서는 주민의 동의가 반드시 필요하며 주민의 동의요건은 공공의 참여방식에 따라 다음과 같이 달라집니다.

공공과 주민의 공동시행 방식은 조합원(또는 토지등 소유자)의 과반수 동의가 필요하고,[67] 공공 단독시행 방식은 토지등 소유자의 2/3이상 동의와 토지면적의 1/2이상 동의가 필요합니다.[68]

---

66) 20~40%까지 완화 가능합니다.
67) 종전의 추진위/조합 (또는 토지등 소유자)의 권리는 그대로 승계합니다.
68) 공공 단독시행의 경우, 기존의 조합은 해산하고 주민대표회의를 구성합니다.

| 공공재개발 추진현황

2021.1.에 1차 후보지로 8곳을 선정하였으며 2022.8.에 2차 후보지로 8곳을 선정하였습니다. 선정된 곳은 다음 그림과 같습니다.[69]

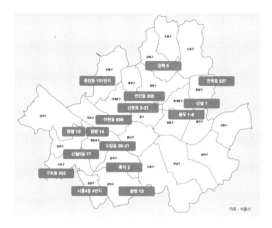

자치구	1차 후보지	면적 (㎡)	기존 세대수	예상 세대수
동작구	흑석 2 재개발 구역	45,229	270	1,310
영등포구	양평 13 재개발 구역	22,441	389	618
동대문구	용두 1-6 재개발 구역	13,633	432	919
관악구	봉천 13 재개발 구역	12,272	169	357
동대문구	신설 1 재개발 구역	11,204	206	279
영등포구	양평 14 재개발 구역	11,082	118	358
종로구	신문로 2-21 재개발 구역	1,248		242
강북구	강북 5 재개발 구역	12,870	120	680

자치구	2차 후보지	면적 (㎡)	기존 세대수	예상 세대수
마포구	아현동 699 일대	105,609	2,246	3,115
영등포구	도림동 26-21 일대	102,366	658	2,322
종로구	연건동 305 일대	14,153	110	447
용산구	면목동 527 일대	47,780	501	1,022
은평구	응암동 101번지 일대	38,518	573	915
양천구	신월5동 77 일대	30,079	492	775
구로구	구로동 252 일대	11,428	196	287
금천구	시흥4동 4번지 일대	67,255	1,090	1,509

자료 : 서울시

권리산정기준일

- 1차 선정 후보지 : 2020.9.21.
- 2차 선정 후보지 : 2021.12.30.
- 향후 선정 후보지 : 2022.1.28.

참고사항

지난 1차로 선정된 후보지는 주로 역세권에 위치한 소규모 구역들이 많습니다. 역세권에 위치한 상가 소유자 들의 비중이 높은 편이고 권리산정기준일이 후보지 선정을 위한 공모공고일 기준이라 재산권 침해에 대한 불만과 그에 따른 반대 의견도 일부 있다는 것을 감안해야 하며 반드시 임장을 통해 사업분위기를 살펴봐야 합니다.

---

69) 예상 세대수는 변경될 수 있습니다.

3-4
도심 공공주택 복합사업 (3080+)

2021. 2. 4.에 발표된 도심공공주택 복합사업은 노후화된 지역에서 **공공이 직접 소유권을 넘겨받아**[70] 사업을 주도하는 형태의 사업방식입니다.

주로 도심 내 역세권, 준공업지역, 노후화된 저층주거지에서 공공주택과 업무시설, 판매시설, 산업시설 등을 복합하여 건설하는 사업입니다. [71]

| 사업방식

일반적인 재개발과 재건축 등의 정비사업[72]은 주민이 조합을 결성하여 조합의 주도로 사업을 추진하지만 도심공공주택복합사업은 주민이 동의하면 **소유권을 넘겨받아 공공이 주도하는 공익사업**으로 '**공공주택특별법**'의 적용을 받습니다.

정비사업 중에서 공공과 민간이 공동시행하는 공공재개발과 공공재건축은 공공이 사업에 참여하되 부지의 소유권은 토지등 소유자가 계속하여 유지하는데 비해 도심공공주택복합사업은 공공이 토지등 소유자로부터 부지의 소

---

70) 주민의 동의가 필요합니다.
71) '3080+ 도심공공주택복합사업'으로 부르고, 2024.9.20.까지 한시적으로 운영합니다.
72) 앞에서 설명한 공공재개발과 공공재건축을 포함합니다.

유권을 넘겨받아 부지를 확보(현물보상 또는 현금보상)하고 토지등 소유자 중 현물보상 대상자에게 우선분양권을 주게 됩니다.[73]

| 인센티브

사업대상에 따라 용도지역 상향, 용적률 완화 등을 통해 더 많은 주택의 공급을 가능하게 합니다. 또한 주택시장 환경, 사업여건 변화 등으로 장래 발생할 수 있는 미분양이나 조합원 분담금 증가 등 **다양한 리스크를 공공이 부담**합니다.

또한 조합설립, 사업시행인가 및 관리처분계획인가 등의 절차를 '**복합사업계획인가**'로 통합하여 구역지정부터 입주까지의 **사업기간을 5~6년으로 대폭 단축**하였습니다

한편 공공의 부지확보를 위하여 토지등 소유자가 현물선납(협의양도)하는 경우 양도소득세 납부연기(향후 매도 시 부과, 1주택자 12억까지 비과세) 등 다양한 혜택을 제공합니다.

| 사업의 종류

- 역세권(주거상업고밀도지구) : 최대 준주거지역까지 용도지역 상향 및 법적상한용적률의 최대 140%까지 건축이 가능
- 준공업지역(주거산업융합지구) : 법적상한용적률까지 건축이 가능
- 노후저층주거지(주택공급활성화지구) : 용도지역 1단계 종상향 또는 법적상한용적률의 최대 120%까지 건축이 가능

---

73) 도심공공주택복합사업에 대한 반대의견도 많습니다. 후보지 지정단계부터 그 구역내 집을 매수한 집주인 현금청산이 되어 거래를 오히려 막게 되는 부작용이 생기므로 재산권 침해에 대한 논란이 큰 실정입니다.

| 주택의 공급

일반적인 재개발과는 다르게 다음과 같이 3가지 분양방식이 있습니다.

- 토지등 소유자 우선공급 + 일반분양 : 70~80%
- 공공임대주택 : 10~20%
- 공공자가주택(이익공유형,지분적립형) : 10~20%

이 중에서 공공자가주택은 조합원 분담금의 부담능력이 없는 기존 소유주들을 위해 분양하는 주택으로서 이익공유형과 지분적립형으로 나눠서 분양하도록 했습니다.

이익공유형
해당 공동주택사업자와 처분 손익을 공유하는 조건으로 분양받는 것으로 분양가액의 50~80% 범위에서 저렴하게 분양받는 대신, 5년 동안 의무거주조건이 있고 매도시에는 공동주택사업자에게 매입신청(환매)하게 됩니다.

지분적립형
분양가의 10~25%만 내고 입주한 뒤 공동주택사업자로부터 20~30년에 걸쳐 남은 지분을 취득하는 것으로 소득은 있으나 자산이 부족한 무주택 실수요자에 한하여 초기 자금부담을 낮추어 주는 방식입니다.

| 권리산정기준일과 매매금지

구역내 투기방지와 사업성 확보를 위해 소유권 이전에 대하여 엄격한 제한이 있습니다. 권리산정기준일은 2021.6.29.로 정해져 있습니다.[74]

기준일 이후에 구역내 주택을 매수한 경우에는 무조건 현금청산대상이 됩니다. 또한 아파트 입주시까지 전매가 불가능하도록 되어 있습니다.

---

74) 2021.6.30. 이후에 이전등기 완료한 매수인부터 적용됩니다.

그러나 사전에 개발계획을 모르고 해당 구역내 주택을 구입한 경우에도 현금청산 대상이 되므로 이에 대한 반발이 큰 실정입니다. 이에 따라 현금청산 대상자를 구제하는 방안도 검토 중인 것으로 알려져 있습니다.

단, 다음과 같은 경우에는 예외적으로 전매가 가능합니다.
- 근무 또는 생업상의 사정이나 질병치료·취학·결혼으로 인하여 세대원 전원이 다른 광역시, 특별자치시, 특별자치도, 시 또는 군(광역시의 관할구역에 있는 군은 제외한다)으로 이전하는 경우(다만, 수도권 안에서 이전하는 경우는 제외)
- 상속에 따라 취득한 주택으로 세대원 전원이 이전하는 경우
- 세대원 전원이 해외로 이주하거나 2년 이상의 기간 동안 해외에 체류하려는 경우
- 이혼으로 인하여 입주자로 선정된 지위 또는 주택을 배우자에게 이전하는 경우
- 기타, 주택법 시행령 제73조 제4항 참조

| 도심 공공주택 복합사업의 개편 추진

지난 2022.8.26.에 발표한 '국민주거안정 실현방안'에 따르면 도심공공주택복합사업에 대하여 다음과 같은 정책이 추진되고 있습니다.

- 신탁사, 리츠 등의 민간전문기관이 시행하는 '민간도심복합사업'의 추진 및 관련법을 제정한다.
- 편리한 교통으로 상업 문화 거점이 될 수 있으나, 낙후·저이용된 지역은 첨단 산업 중심의 '성장거점형'으로, 노후 역세권과 준공업지 등은 '주거중심형'으로의 개발을 유도한다.
- 공공사업 수준의 용적률과 세제 혜택, 공원 및 녹지 기준완화 등 인센티브를 적용하면서, 필요시 규제특례(가칭 도시혁신계획구역 지정 등)를 부여하여 도시 경쟁력을 강화한다.
- 개발 이익의 적정 수준 관리를 위해 공급 주택의 일부는 공공임대 또는 공공분양으로 의무 기부채납 하는 등 충분한 공공 기여가 이루어지도록 하고, 필요시 이익상한제 도입도 검토한다.

| 일반 정비사업과의 차이점

도심 공공주택 복합사업과 일반 정비사업과의 차이에 대해서 혼동의 여지가 있어서 정리해보면 다음과 같습니다. 여기서 말하는 일반 정비사업은 '도시정비법'에 의거한 정비사업을 말합니다.[75]

구분	도심공공주택복합사업	일반 정비사업
근거 규정	공공주택특별법	도시정비법
사업 유형	주거상업고밀도지구 주건산업융합지구 주택공급활성화지구	재개발, 재건축 공공재개발, 공공재건축 신속통합기획
사업시행자	공공단독 방식	조합방식 토지등 소유자 방식 조합+공공 참여 방식 공공단독 방식
소유권	공공	준공인가까지 토지등 소유자

---

75) 참고로, 모아주택과 모아타운은 '빈집 및 소규모주택 정비에 관한 특례법'에 의한 '소규모 정비사업 활성화' 사업에 해당합니다.

3-5
도시정비형 재개발사업과 역세권시프트 사업

도시정비형 재개발사업은 서울시에서 진행하는 사업으로 상업지역·공업지역 등에서 도시 기능의 회복 및 상권 활성화 등 도시환경을 개선하기 위하여 시행하는 재개발 사업의 한 종류 입니다.[76]

| 도시정비형 재개발사업

도시 기능의 회복과 도심지 낙후된 상권의 활성화를 위하여 시행하는 사업으로서 도심지 육성을 위한 사업이지만 도심지에도 적정량의 주택공급이 필요하다는 사회적 요구에 따라 주거 용적률을 확대하고 있습니다.

즉, 공공주택 도입시 상업지역 주거비율은 90%까지 확대하고, 준주거지역에서는 용적률을 100% 이내에서 추가 부여하여 완화된 용적률의 1/2은 공공주택을 짓도록 하고 있습니다.

이 때 공공주택의 실효성이 낮다고 판단될 시에는 민간임대주택으로 대체할 수도 있으며, 공급하는 평형도 85m²이하로 유연하게 조정하였습니다.[77]

---

76) 서울시 도시 및 주거환경정비 조례, 제3조 2호
77) 2025 도시 및 주거환경정비 기본계획 '도시정비형 재개발부분' 변경안 보도자료
   (2022.5.19. 서울시)

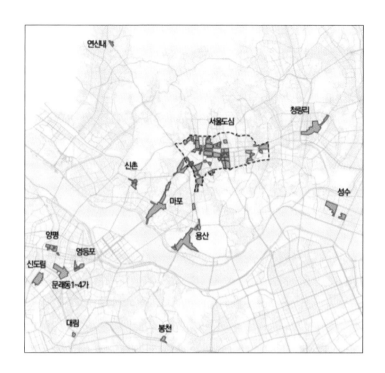

도시정비형 재개발지역 분포도 (출처 : 서울시)

특히, 역세권 등 대중교통 이용이 용이한 지역으로서 토지의 고도이용과 건축물의 복합개발을 위하여 주택을 공급하고자 할 경우에는[78] 역세권에 도시정비형 재개발구역을 입안할 수 있습니다.[79]

| 역세권이란

역세권이란 지하철, 국철 및 경전철 역의 승강장 경계로부터 500m이내의 지역을 말합니다.[80]

• 1차 역세권 : 승강장 경계로부터 250m 이내의 범위로 제한되는데 주택공급

---

78) 도시정비법 시행령 별표1 제2호 바목 (정비계획의 입안대상지역)
79) 서울시 도시 및 주거환경정비 조례, 제6조 제1항 제3호의 가목
80) 서울시 역세권 장기전세주택 건립운영기준 (2022.6.20.)

활성화를 위해 2024.12.31.까지 한시적으로 승강장 경계로부터 350m 이내의 범위로 확대 하였습니다.

• 2차 역세권 : 승강장 경계로부터 250m에서 500m 이내의 범위로 제한합니다.

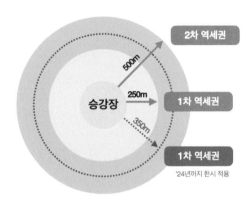

역세권의 범위 (출처 : 서울시)

┃ 역세권 장기전세주택 사업이란

현재 서울시의 역세권 사업은 역세권 장기전세주택 사업(옛 역세권시프트), 역세권 청년주택, 역세권 활성화사업, 역세권 복합개발(고밀주거), 도심 공공주택 복합사업(역세권)등으로 다양하게 진행되고 있습니다.

그 중에서 **'역세권 시프트'** 라고도 불리는 **역세권 장기전세주택사업**에 대하여 살펴보면 다음과 같습니다.[81]

역세권 지역에 주택을 건설하려는 민간사업자에게 '용적률 상향' 등의 인센티브를 부여하는 대신, 이에 따른 개발 이익의 일정 부분을 '장기전세주택(시프트)'에 할당하여 공급하는 방식으로. 시는 민간사업자가 상향 용적률을 적

---

81) 역세권 시프트(shift)는 '무엇을 바꾼다'는 뜻으로 임대주택에 대한 부정적 생각을 바꿔서 '살고 싶은 곳'으로 전환하겠다는 의도로 추진된 '장기전세주택'제도를 말합니다. '역세권 공공임대주택'으로도 불립니다.

용받아 건설하는 주택의 50%를 표준건축비로 매입(부속토지는 기부채납)하여 장기전세주택으로 공급하는 것입니다.

이때 용적률은 최대 700%까지 허용하며, 장기전세주택 입주자에게 차별 또는 이용상 불편 문제가 발생하지 않도록 사회 혼합(Social mixing)을 반드시 적용하도록 하고 있습니다.

장기전세주택(시프트)의 특징
- 월 임대료 없이 전세계약으로 공급하는 임대주택
- 보증금 : 주변 전세 시세보다 80% 이하 수준
- 임대기간 : 기본계약2년 (2년마다 재계약 가능, 최장 20년)
- 공급규모 : 전용면적 84m²이하
- 분양 주택과 동일한 품질

사회혼합(Social mixing)
과거에 임대주택을 별도의 동으로 구분해서 건설함으로써 사회적 갈등의 요인이 되었는데, 이를 막고자 한 건물(동) 내에서 임대주택과 일반주택을 섞어서 분양하도록 하는 것을 말합니다.

BOOK +

3-1 : 모아주택 사업의 종류와 특징

'모아주택'은 이웃한 다가구 및 다세대주택 필지 소유자들이 개별 필지를 모아서 블록 단위로 공동 개발하는 것으로 대지면적 1,500㎡ 이상을 확보하는 경우 추진할 수 있습니다. 공공기여와 국·시비 지원 등을 활용해 지하주차장, 어린이집, 도서관 같은 기반시설도 확충할 수 있습니다.

정비계획 수립, 추진위 승인, 관리처분계획인가 절차가 생략돼 2~4년이면 사업을 완료할 수 있습니다.

모아주택에 적용 가능한 사업유형은 소규모주택정비사업[82]으로 추진하며 간선도로변 등 모아주택 사업 추진이 어려운 존치구역은 건축협정 제도를 활용한 공동개발이 가능합니다.[83]

소규모주택정비사업의 사업유형

다음 4가지의 사업유형이 있습니다.

- 자율주택정비사업 : 단독주택, 다세대주택 및 연립주택을 스스로 개량 또는 건설하기 위한 사업
- 가로주택정비사업 : 가로구역에서 종전의 가로를 유지하면서 소규모로 주거 환경을 개선하기 위한 사업
- 소규모재건축사업 : 정비기반시설이 양호한 지역에서 소규모로 공동주택을 재건축하는 사업
- 소규모재개발사업 : 역세권 또는 준공업지역에서 소규모로 주거환경 또는 도시환경을 개선하기 위한 사업

건축협정

토지등 소유자간 건축협정을 통해 필지 단위로 주택을 신축하는 공동개발 사업을 말합니다.[84]

---

82) 빈집 및 소규모주택 정비에 관한 특례법 에 따른 정비사업
83) 서울시 모아타운 관리계획 수립지침 (2022.7. 서울시)
84) 건축법 제77조의 4 등

구분	자율주택형	가로주택형	소규모 재건축	소규모 재개발	건축협정형
대상	단독/다세대/연립	단독/공동주택	공동주택	제한 없음	제한 없음
개념	정비사업중 가장 작은 단위사업	종전의 가로는 유지	안전진단 생략	역세권, 준공업지역 (지구지정 생략)	소유자간 협정을 통해 필지단위의 신축
노후도	57% 이상	57% 이상	67% 이상	67% 이상	제한 없음
세대수	[단독] 10세대 미만 [다세대,연립] 20세대 미만 [합산] 20채 미만	[단독] 10호 이상 [공동주택] 20세대 이상 [합산] 20채 이상[85]	[공동주택] 200세대 미만	제한 없음	제한 없음
면적	1.5천 m² 이상	1.5천m² 이상 ~ 2만m² 미만	1.5천m² 이상 ~ 1만m² 미만	1.5천m² 이상 ~ 5천m² 미만	1.5천m² 이상
시행방식	주민합의체	조합 또는 주민합의체	조합 또는 주민합의체	조합 또는 주민합의체	토지등 소유자
동의요건	토지등 소유자 8/10 이상 및 토지면적 2/3 이상	토지등 소유자 8/10 이상 및 토지면적 2/3 이상[86]	토지등 소유자 3/4 이상 및 토지면적 3/4 이상[87]	토지등 소유자 8/10 이상 및 토지면적 2/3 이상	제한 없음

85) 합산하여 20채 미만이라 하더라도 단독 10호 이상인 경우 20채로 인정합니다.
86) 주민합의체의 경우, 토지등 소유자 100%
87) 주민합의체의 경우, 토지등 소유자 100%

3-2 : 모아타운 관리계획 수립방향

아래 내용은 서울시에서 수립한 모아타운 관리계획입니다. [88]

1. 양질의 주택 공급
- 노후 주택을 정비하고 양질의 주택 공급을 확대하고자 함
- 지하통합 부설주차장설치 및 용도지역 상향, 건축규제 완화 등 사업성개선을
  위한 구체적인 방안을 제시하여 모아주택에 대한 민간참여를 적극 유도함

2. 지역내주차문제의해소
- 지역 차원의 주차문제 해소를 위한 공영주차장을 설치하거나 개별 모아주택
  건립시 주차공간을 충분히 확보하여 주차 문제를 해결할 수 있도록 함

3. 녹지 및 휴게공간 등 확충
- 도로・주차장 등 정비기반시설과 공동이용시설을 확충하기 위한 정비방안을
  바탕으로 모아주택의 체계적인 추진을 도모함
- 모아타운내 가로의 기능 및 위계를 고려하여 도로 선형개선이나 너비의 확장
  능 기존도로를 개선하여 소방도로를 확보하고 보행로와 차도를 구분함
- 현황분석에서 도출된 녹지율을 고려하여 추가적인 공원 조성 등을 통하여
  지역 내 부족한 녹지공간을 확보함

4. 기존 가로 활성화
- 기존 지역의 커뮤니티를 훼손하지 않는 차원에서 적정 개발규모를 설정하고,
  차량 진출입 등이 어려웠던 저층주거지의 주요 가로 등을 정비하여 가로
  중심의 지역 커뮤니티를 활성화하도록 함

---

88)　서울시 모아타운 관리계획 수립지침 (2022.7.서울시)

3-3 : 모아타운 분양권과 재당첨제한 여부

모아타운은 구역내 각 소규모 사업장(조합)으로 구분되어 있습니다. 따라서 모아타운내 다 주택자의 분양권에 대한 것과 재당첨 제한에 대한 서울시의 민원회신을 정리했습니다.

모아타운 구역내 다주택자의 분양권

[질의] 2개의 각기 다른 모아주택 사업지에 토지 또는 건축물을 각각 소유하고
있을 경우 분양권 재당첨이 제한되는지 여부

[답변]

투기과열지구 내 정비사업의 조합원의 분양 재당첨 제한은 「도시 및 주거환경정비법」 제72조 제6항에 따른 것으로 「빈집 및 소규모주택 정비에 관한 특례법」에 의한 모아주택사업(소규모주택정비사업)은 이를 적용받지 않아 재당첨 제한이 없음을 안내드립니다.[89]

모아타운 재당첨 제한 여부

[질의] 모아타운 개발 재당첨제한 적용 여부

[답변]

투기과열지구 내 정비사업의 조합원의 분양제한은 「도시 및 주거환경정비법」 제72조 제6항에 따른 것으로 「빈집 및 소규모주택 정비에 관한 특례법」에 의한 소규모주택정비사업(모아주택사업)은 이를 적용받지 아니함을 알려 드립니다.

단, 가로주택형 모아주택 또는 소규모 재건축형 모아주택을 추진함에 있어 주택을 토지등 소유자 또는 조합원에게 공급하고 남은 주택이 30세대 이상인 경우 그 남은 주택을 공급하는 경우 주택공급에 관한 규칙에 따라 재당첨 제한이 적용됨을 알려 드립니다.[90]

---

89) 2022.8.22. 서울시 응답소 민원회신
90) 2022.6.23. 서울시 응답소 민원회신

BOOK +

3-4 : 투기과열지구내, 모아주택 조합원 지위양도 제한

투기과열지구에서는 투기억제를 위해서 **조합설립후** 모아주택 조합원의 지위 양도를 엄격하게 제한하고 있습니다.[91]

해당되는 모아주택 사업
- 가로주택정비사업
- 소규모재건축사업
- 소규모재개발사업

조합원 지위양도 제한의 예외사항
양도인이 다음과 같은 경우에 해당할 때에는 그 양수인에게 조합원 지위의 양도 가 허용됩니다.

1. 불가피하게 양도하는 경우
① 상속·이혼으로 양도하는 경우

② 세대원의 근무상 또는 생업상의 사정이나 질병치료·취학·결혼으로 세대원이 모두 해당 사업구역에 위치하지 아니한 특별시·광역시·특별자치시·특별자치도·시 또는 군으로 이전하는 경우

③ 조합원이 다른 지역의 주택을 상속받아 그 상속받은 주택으로 이전하기 위해 당해 정비사업의 주택을 파는 경우

④ 해외로 이주하거나 세대원 모두 2년 이상 해외에 체류하려는 경우

⑤ **1세대 1주택자가 5년이상 보유하고 3년 이상 거주하는 경우** [92]

⑥ 국가, 지방자치단체 및 금융기관에 대한 채무를 이행하지 못하여 토지 또는 건축물이 경매 또는 공매되는 경우

　　- 금융기관 : 은행법상의 은행, 중소기업은행, 상호저축은행, 보험회사, 농협, 수협, 신협, 새마을금고, 산림조합중앙회, 한국주택금융공사, 체신관서 등

---

91) 빈집 및 소규모 주택정비에 관한 특례법 제24조
　　 빈집 및 소규모 주택정비에 관한 특례법 시행령 제22조
92) 2022.8.4. 이후 조합설립인가를 신청하는 경우부터 적용합니다.

- 한국자산관리공사의 압류재산 공매
- 대부업체나 개인 채권자의 경매신청으로 인한 매수는 허용되지 않음

2. 사업단계별 일정 기간 이상 지연되는 경우

① 조합설립인가일부터 양도일까지 사업시행계획인가 신청이 없는 경우로서 그 기간이 2년 이상이고, 해당 사업의 건축물을 2년 이상 계속하여 소유하고 있는 경우

② 사업시행계획인가일부터 양도일까지 착공신고를 하지 않은 경우로서 그 기간이 2년 이상이고, 해당 사업의 건축물 또는 토지를 2년 이상 계속하여 소유하고 있는 경우

③ 착공신고를 한 날부터 양도일까지 준공인가를 받지 않은 경우로서 그 기간이 3년 이상이고, 해당 사업의 토지를 3년 이상 계속하여 소유하고 있는 경우

4 투자물건의 가치분석

BOOK ✚

4-1
정비사업과 감정평가

| 정비사업은 일종의 '현물출자'다

정비사업은 노후화되고 불편한 거주환경을 신규 주거단지로 탈바꿈시키는 사업으로서 한정된 토지의 이용 가치를 높이는 것이 본질이라고 할 수 있습니다. 즉, 토지의 효율성을 높이기 위해서 평면적 이용을 수직적 이용 상태로 전환하는 사업입니다.

이때 해당 구역 내 토지 등 소유자가 갖고 있던 다세대주택이나 단독주택, 상가, 토지 등을 조합에 넘기고 새로운 아파트나 상가 등으로 되돌려 받는 방식으로 사업이 진행됩니다. 일종의 '현물출자'로 볼 수 있습니다.

| 정비사업과 감정평가

정비사업이 진행되면 단계별로 다양한 감정평가를 하게 됩니다.

제일 중요한 것은 사업시행계획 이후에 진행하는 종전자산의 감정평가와 관리처분계획을 수립하기 위한 종후자산의 감정평가로서 이를 통해 사업전반에 관한 비용이나 각종 금액 등이 확정됩니다.

다음은 각 단계별 진행되는 여러 가지 감정평가를 나타내고 있습니다.

| 종전자산과 종후자산의 감정평가

조합은 구역 내 토지 등 소유자들로 구성되어 있기 때문에 다양한 이해관계가 존재합니다. 따라서 각 조합원들이 출자한 부동산에 대하여 공정하고 형평성에 맞는 감정평가가 이루어져야 합니다. 이를 '**종전자산에 대한 감정평가**'라고 부릅니다.

또한 정비사업도 일종의 이윤을 추구하는 사업이므로 각 조합원들의 재산 크기에 맞게끔 그 개발이익이 돌아가야 합니다. 정비사업을 통한 이익에 대한 평가, 즉 신축 아파트와 상가 및 기타 부대시설에 대한 자산도 합리적으로 평가되어야 하는데 이를 '**종후자산에 대한 감정평가**'라고 합니다.[93]

| 감정평가에 대한 근거규정

감정평가가 객관적이고 합리적으로 진행되도록 '감정평가 및 감정평가사에 관한 법률'에 따라 진행하도록 하고 있으며 실무적으로 '감정평가규칙'[94]과 국토교통부의 '감정평가실무기준'[95] 등에 따라 감정평가를 하게 됩니다.

---

93) 도시정비법 제74조 제4항
94) 감정평가규칙 제14조, 제15조, 제16조
95) 감정평가실무기준, 730도시정비평가

재개발의 경우에는 시장·군수 등이 선정·계약한 2인 이상의 감정평가법인에서 평가한 금액을 산술평가하고, 재건축의 경우에는 시장·군수 등이 선정·계약한 1인 이상의 감정평가법인과 조합총회의 의결로 선정·계약한 1인 이상의 감정평가법인에서 평가한 금액을 산술평가합니다. [96]

❘ 종전자산 감정평가의 원칙

감정평가의 구체적인 방법과 기준은 국토교통부의 지침에 따릅니다.[97] 그 핵심내용을 정리하면 다음과 같습니다.

1. 조합원 간의 상대적 가격 균형을 목표로 한다.
종전자산의 감정평가는 조합원별 출자자산의 **상대적 가치비율** 산정의 기준이 되므로 대상물건의 유형, 위치, 규모 등에 따라 감정평가액의 균형이 유지되도록 한다. 즉, 분배의 기준이 되는 권리가액을 산정하는 것이 주된 목적으로 **조합원들 간의 형평성 있는 상대적 가치를 산출**한다.

2. 사업시행계획 인가고시가 있은 날의 현황을 기준으로 한다.
해당구역이 정비구역으로 지정되면 인근 지역에 비해 급격한 가격 변화가 일어나기 마련이고 시간이 갈수록 가격 변화에 불안정성이 수반된다.
따라서 감정평가가 실시되는 기준일이 늦춰질수록 합리적 평가가 어려워지게 되므로 **해당 구역의 세부 건축내용이 확정되는 시점인 사업시행계획이 확정되는 날**(사업시행계획 인가고시가 있은 날)을 기준으로 감정평가를 한다.

3. 정비구역 지정에 따른 공법상 제한을 받지 않은 상태를 기준으로 한다.
정비구역의 지정은 용도지역 등의 변경, 정비계획 결정·고시로 인한 도시·군계획시설의 저촉, 정비구역 지정으로 인한 행위제한[98] 등을 말하는 것으로서 **종전자산 감정평가시 이러한 저촉 등을 고려하지 않는다.** 그렇다고 감정평가에 있어 정비구역이 지정되기 전의 상태를 기준으로 한다는 의미는 아니다.

---

96) 도시 및 주거환경정비법 제74조 제4항
97) 감정평가 실무기준(730도시정비평가) (2019.10.23. 국토교통부)
98) 도시정비법 제19조

4. 토지이용계획이 변경되기 전을 기준으로 감정평가한다.

해당 정비사업의 시행을 목적으로 하여 용도지역이나 용도지구 등의 토지이용계획이 변경된 경우에는 **변경되기 전의 용도지역이나 용도지구 등을 기준으로** 감정평가한다.

예를 들어 정비구역 지정으로 2종 일반주거지역에서 3종 일반주거지역으로 종상향됐다면, 2종 일반주거지역 기준으로 감정 평가한다.

5. 개발이익의 반영여부

정비사업은 해당 토지의 고효율 이용을 추구하는 사업으로서 사업이 진행되면서 상당한 개발이익이 발생한다. 이러한 개발이익은 구역내 토지 등 소유자(또는 조합)가 주축이 되는 사업으로서 개발이익은 사업시행자인 토지 등 소유자(조합)의 몫으로서 합리적으로 배분되어야 한다.

즉, **'기준시점 당시까지 실현된 적정 개발이익'은 조합원의 상대적 가격균형이 유지되는 한도 내에서 종전자산 감정평가액에 반영될 수 있다.** 이런 점에서 토지 수용에 따른 보상평가와는 다르다. [99], [100]

| 물건의 종류별 감정평가 방법

종전자산에 대한 감정평가는 토지, 건물 및 구분소유 부동산(집합건물) 등으로 구분하여 진행합니다. [101]

토지는 이용가치가 비슷하다고 인정되는 **표준지공시지가를 기준**으로 평가하며, 건물은 **원가법**을 적용합니다. 또한 구분소유 부동산은[102] 건물(전유부분과 공유부분)과 대지사용권을 일체로 한 **거래사례비교법**을 적용합니다.

99)   주택재개발, 재건축사업 등에 관한 평가지침 제9조, 한국감정평가사협회
100) 개발이익의 정의와 평가, 그리고 반영여부에 대해서는 업계나 학계에 다양한 의견이
      있습니다. 재개발은 공익적 성격이 강하므로 배제해야 한다는 의견이 많고
      재건축은 사익적 성격이 강하므로 반영해야 한다는 의견이 많은 편입니다.
101) 감정평가 실무기준(730도시정비평가) (2019.10.23. 국토교통부)
102) '집합건물의 소유 및 관리에 관한 법률'에 따라 구분소유권의 대상이 되는 건물부분과
      대지 사용권을 말합니다. (예를 들어, 아파트, 빌라, 다세대주택, 구분상가 등)

4-2
단독주택의 감정평가

단독주택이나 다가구 주택은 토지와 건물에 대하여 각각 감정평가를 한 다음 그 결과를 합산하게 됩니다. 이 때 **토지는 표준지 공시지가를 기준으로 감정평가를 하고 건물은 원가법으로 감정평가를 합니다**

단독주택(다가구주택)의 감정평가 = **토지 감정평가액** + **건물 감정평가액**
　　　　　　　　　　　　　　　= 표준지 공시지가 x 보정비율　　= 평당잔존가 x 연면적

| 토지의 감정평가

토지의 감정평가는 다음과 같이 이루어집니다.[103]

토지의 감정평가액 = **표준지 공시지가 x 시점수정 x 지역요인 x 개별요인 x 그 밖의 요인**

위의 식에서 각 요소별 값은 다음과 같이 산정합니다.

(1) 표준지 공시지가

공시지가에는 표준지 공시지가와 개별 공시지가가 있는데 재개발 감정평가는 원칙적으로 **표준지 공시지가를 기준**으로 산정합니다. 먼저 기준이 되는

---

103)　감정평가에 관한 규칙 제14조

표준지를 선택해야 하는데 해당 정비구역 내에 다음 각 호의 선정기준을 충족하는 표준지 중에서 대상토지의 감정평가에 가장 적합하다고 인정되는 표준지를 선정합니다.

① 용도지역·지구·구역 등 공법상 제한사항이 같거나 비슷할 것

② 이용 상황이 같거나 비슷할 것

③ 주변 환경 등이 같거나 비슷할 것

④ 대상토지의 인근지역에 위치하여 지리적으로 가능한 한 가까이 있을 것

다만, 정비구역 내에 위의 각 호의 선정기준을 충족하는 표준지가 없을 경우에는 해당 정비구역과 **유사한 지역적 특성을 갖는 동일 수급권** 안에 위치하고 위의 ①~④를 충족하는 표준지 중 가장 적절하다고 인정되는 표준지를 선정할 수 있습니다.

또한, 표준지 공시지가는 해당 구역의 사업시행계획 인가고시일 이전에 공시된 것으로 **사업시행계획 인가고시일**에 가장 가까운 시점에 공시된 것을 기준으로 합니다. (Book+ 4-1 참조)

(2) 시점수정

표준지 가격은 매년 1월 1일이 공시 기준시점이므로 1월 1일부터 감정평가 당시의 지가가 변동된 것을 반영할 필요가 있는데 '시점수정'은 이를 보정해 주는 항목입니다. 즉, 해당 물건 소재지의 용도지역별로 (예를 들어 주거지역, 상업지역 등과 같이) **지가변동률을 반영**합니다.

(3) 지역요인

표준지를 기준으로 지역적인 차이를 보정하는 항목인데, 대도시인 경우에는 표준지가 촘촘하게 설정되어 있으므로 1이라고 간주해도 무방합니다.

(4) 개별요인

표준지를 기준으로 해당 토지의 품을 평가하여 반영하는 항목인데, 예를 들어 앞에 접근로 또는 인접로가 몇미터 도로인지, 땅 모양은 괜찮은지 등을 반영하는 항목입니다.

(5) 그 밖의 요인

대상토지의 인근지역 또는 동일수급권내 유사지역의 가치형성요인이 유사한 정상적인 거래 사례 또는 평가 사례 등을 고려하여 반영하는 항목입니다.

| 건물에 대한 감정평가

건물의 감정평가는 원가법을 적용합니다.[104] 즉, 해당 건물 건축시의 원가를 기준으로 하되 다음과 같은 방식으로 산출합니다.

| 건물의 감정평가액 | = | 재조달 원가 × (잔존년수/내용년수) × 연면적 × 개별요인 |

위의 식에서 각 요소별 값은 다음과 같이 산정합니다.

(1) 재조달원가

재조달원가는 대상물건을 **감정평가기준 시점에서 재생산하거나 재취득하는데 필요한 적정원가의 총액**을 말합니다.[105] 즉, 현존하는 물건이나 동일한 효용의 물건을 감정평가 기준시점에서 신축하는 것을 전제로 소요되는 원가 총액을 말합니다.

재조달 원가는 건물의 구조(목조,벽돌조,블록조,철근콘크리트조,철골조)와 지붕, 도장, 마루자재의 종류별로 구분하여 매년 한국부동산연구원과 한국감

---

104) 감정평가에 관한 규칙 제15조
105) 감정평가 실무기준 (2019.10.23. 국토교통부)

정평가사협회가 공동으로 발간하는 '건축물 재조달원가 자료집'에 수록되어 있습니다.

재조달원가에는 표준 건설비(공사비, 적정이윤), 도급인이 통상적으로 부담하는 부대비용(설계감리비, 허가비용, 세금과 공과금 등), 개발이윤 등이 포함되어 있습니다.

(2) 잔존가치의 평가

건물의 감정평가는 재조달원가를 기준으로 **잔존가치를 산정**하게 되는데 해당 건축물의 내용년수와 건축년도부터 현재까지의 경과시간으로부터 잔존년수를 구하여 잔존가치를 구하게 됩니다.

건축 구조별 내용 년수는 다음과 같습니다. [106]

구분		기준 내용년수 (허용 범위)
철골 철근 콘크리트조, 철근콘크리트조 (RC조, PS조, PC조, 라멘조 포함)		50년 (45~55)
조적조 (시멘트벽돌조, 연와조, 석조, 보강블럭조 포함)		45년 (40~50)
블럭조 (보강블럭조 제외)		40년 (35~45)
철골조		40년 (35~45)
경량철골조 (강제두께 6mm이하, 조립식판넬조 포함)		35년 (30~40)
목조 (한옥구조)	기둥 15cm각 이상	45년 (40~50)
	기둥 12cm각 이하	40년 (35~45)
목조 (통나무구조)	기둥 15cm각 이상	45년 (40~50)
	기둥 12cm각 이하	40년 (35~45)

---

106) 한국감정원 건축물 신축단가표, 2020

(3) 연면적

연면적의 산정은 건축물대장상의 면적을 기준으로 하는데 법령위반 건축부분(불법건축물)은 제외해야 합니다. 불법건축물을 포함하게 되면 면적기준의 왜곡이 생기기 때문입니다.

(4) 개별요인

마지막으로 개별요인은 개별 물건의 특성에 따라 반영하는 요소인데, 예를 들어 공부상에는 건축년도가 30년이 지났지만 중간에 대수선이나 리모델링을 통해 건물의 잔존가치가 높아진 경우나 특별한 사정에 의해 방치 또는 훼손된 경우와 같은 개별적 특성을 반영하는 요인입니다.

4-3
구분소유 부동산의 감정평가

빌라(아파트, 다세대주택, 연립주택 등)이나 구분상가와 같이 건물과 대지사용권이 일체로 거래되는 구분소유 부동산의 경우에는 **거래사례비교법**을 적용합니다. [107], [108]

| 감정평가 방법

구분소유 부동산을 감정평가할 경우에는 건물(전유부분과 공유부분)과 대지사용권을 일체로 하여 대상물건과 가치형성요인이 같거나 비슷한 물건의 거래사례와 비교하여 대상물건의 현황에 맞게 사정보정, 시점수정, 가치형성요인 비교 등의 과정을 거쳐 대상물건의 감정평가액을 산출하게 됩니다.

거래사례를 수집할 때에는 다음과 같은 사례를 선택하여야 합니다.

- 거래사정이 정상이라고 인정되는 사례나 정상적인 것으로 보정이 가능한 사례
- 기준시점으로 시점수정이 가능한 사례
- **대상물건의 위치적 유사성이나 물적 유사성**이 있어 지역요인, 개별요인 등 가치형성요인의 비교가 가능한 사례

---

107) 감정평가에 관한 규칙 제16조
108) 감정평가 실무기준, 국토교통부

| 구분소유 부동산의 감정평가시 유의할 점

일반적으로 정비구역내에 작은 대지지분을 갖는 집합건물은 거래액이 비교적 소액이므로 '분양권 프리미엄'을 노린 매수세로 인해 사업 초반부터 거래가 활성화되기 마련입니다.

따라서 거래금액의 균형이 왜곡되어 적절한 감정평가가 어려워질 수 있습니다. 즉, 가격의 균형이 유지되는 한 해당 구역내 거래사례를 기준으로 감정평가를 할 수 있지만 그렇지 않은 경우에는 해당 구역 외에서의 거래사례를 기준으로 감정평가를 하게 됩니다.

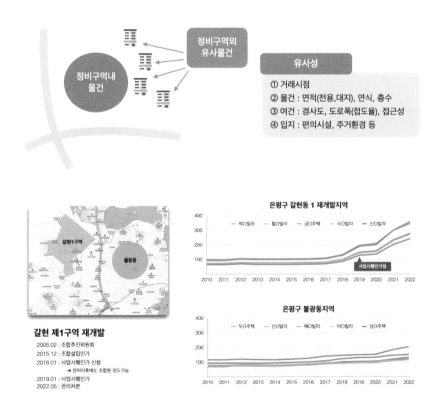

위의 그림은 서울시 은평구 갈현동 1재개발 구역내 빌라의 거래금액과 인근 불광동 지역내 유사물건에 대한 거래금액을 나타낸 것입니다.

갈현1구역은 2015년에 조합이 설립되었고 2018년 1월에 사업시행계획을 인가 신청했으며 2019년 1월에 사업시행계획인가가 고시되었습니다.

그래프에서 알 수 있듯이 조합설립 후 한참이 지난 2017년 경부터 매매가가 증가하기 시작하였음을 알 수 있습니다. 그러던 중 사업시행계획인가를 신청하는 시점인 2018년 초부터 인근지역에 비해 상대적으로 더 빠르게 급등하기 시작했습니다.

| 거래사례비교법에 의한 감정평가

거래사례비교법을 적용하려면 인근지역 또는 동일 수급권내의 유사지역 (입지와 기반시설 등이 유사한 지역)에서 감정평가 대상물건과 동일성 또는 유사성 있는 거래사례를 선택해야 합니다.[109]

> **1. 물적 유사성**
> 대상 부동산과 동질하거나 같은 유형의 물건의 규모와 구조, 재료, 물리적 상태, 내용연수 등이 유사하여야 한다.

> **2. 정상적 거래**
> 증여나 상속과 같은 특수한 거래는 가급적 제외하고 정상적인 거래와 비교하여야 한다.

> **3. 비교 시점**
> 해당 정비구역의 사업시행계획인가 고시가 있은 날 기준으로 최근거래와 비교한다.

---

109) 권호근, 임윤수, 최승영, 부동산 감정평가론, 형설출판사, 2020

이때, 감정평가 대상 물건의 전용면적, 대지 지분율 (대지면적/건물면적) 혹은 대지지분 면적이 유사한 거래사례를 선정하는 것이 중요합니다. 왜냐하면 통상 건축 후 일정기간이 경과한 경우에는 건물가액을 포함한 토지가액 (또는 토지단가)을 기준으로 거래되는 것이 일반적이고 여기서 가장 중요한 변수는 전용면적 (또는 대지지분)의 크기인 경우가 많기 때문입니다.

또한 감정평가 대상과 매매사례의 건물의 사용승인 년도, 건물의 해당 층, 자체 주차장 구비여부 등을 고려해야 합니다.

4-4
비례율과 내 물건의 가치

| 비례율이란?

정비사업을 통해 얻는 이익을 수치화해서 비율로 나타낸 것을 '비례율'이라 합니다. 즉 비례율이란 해당 정비사업을 통해 얻는 개발이익의 비율을 나타내는 수치로서 '**현물출자로 얻는 수익의 비율**'이라 할 수 있습니다.

해당 정비사업을 통하여 구역 내 토지의 활용성이 높아져서 개발 이익이 거지면(즉, 사업성이 좋으면) 비례율이 높아지게 되고 기내 이상의 훌륭한 신축 아파트를 얻게 되는 것입니다. 반대로 그렇지 않으면 오히려 많은 비용을 추가 부담해야 합니다.

이때 '비례율'은 정비사업 전후의 자산에 대한 감정평가[110]와 정비사업 자체의 사업비 등을 반영하여 산출합니다.

---

110)   종전자산에 대한 감정평가와 종후자산에 대한 감정평가

종전자산 평가액 : 정비사업 시행 전에 조합원들이 소유하는 토지와 건축물 등의 감정평가액을 모두 합한 금액 (현금청산자는 제외)

종후자산 평가액 : 정비사업이 완료된 후의 모든 자산의 총합으로, 조합원 분양 수입과 일반 분양을 통해 얻게 되는 수입, 상가 등 부대시설에 대한 감정평가액을 모두 합한 금액

총사업비 : 정비사업을 진행하면서 투입된 총 사업비를 뜻하는 것으로 직간접 공사비, 각종 보상비, 조합운영비, 이자비용 등의 총합

위 비례율 계산식을 보면 분모는 해당 정비구역내 토지 등 소유자 등의 자산평가액이고 분자는 정비사업을 통한 장래의 개발이익에 해당됩니다. 즉, 비례율은 종전자산의 출자를 통한 수익성을 나타낸다고 할 수 있는데. 기존 자산가치의 상승 정도를 가늠해 볼 수 있습니다.

이때 사업비는 다음과 같이 구성됩니다.

구분		내용
기본 비용		조사측량비, 설계비, 감리비
공사비	기본공사비	대지조성, 건축시설, 부대시설, 정비기반 시설 등
	지장물 정비	철거비, 이설비(상하수도,통신,가스 등), 석면폐기물 처리
	기타	수방대책, 인입공사, 기부채납도로, 조경(예술장식품등), 공원
보상비 및 관리비	각종 매입비	국공유지 매입, 무상 양수도 차액
	손실 보상	수용재결, 기타 보상
	이주비	이주비, 이사비, 세입자 주거대책
	관리비	조합운영
부대 경비	기본 수수료	감정평가 수수료, 채권매입
	외주 용역비	정비계획 수립, 교통영향평가, 문화재지표조사, 법무비, 회계용역 등
	기타	광역교통시설부담금, 학교용지부담금, 대여금이자, 제세공과금, 분양보증수수료, 각종 부가세, 예비비 등

| 조합원 권리가액

권리가액은 조합원 보유 부동산에 대하여 주장할 수 있는 가치(금액)를 말합니다. 해당 구역의 사업성을 판단하여 종전 자산이 어느 정도의 미래 수익을 낼 수 있는지를 감안하여 계산된 금액(권리가액)을 뜻하는 것으로서 다음과 같이 계산됩니다.

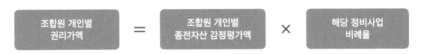

개인별 종전자산의 감정평가액에 해당 정비사업의 사업성을 나타내는 비례율을 곱하면 보유하고 있던 종전자산에 **미래의 개발이익을 반영하여 주장할 수 있는 권리가액**이 됩니다. 조합원 권리가액은 조합원 분담금을 산출할 때 필요합니다.

| 조합원 분담금

사업시행계획이 확정되면 조합원을 대상으로 분양신청을 받게 됩니다. 이때 각 조합원이 분양신청한 아파트의 분양가에서 해당 조합원의 권리가액을 뺀 차액이 조합원 분담금이 됩니다.

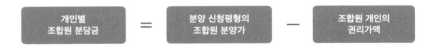

만약 조합원이 분양 신청하는 아파트의 분양가가 조합원의 권리가액보다 높으면 그 부족분에 대하여 분담금을 납부해야 하고, 반대로 권리가액이 분양가보다 커서 오히려 남는 금액이 있으면 그 차액 만큼 돌려받게 됩니다.

| 조합원 분담금의 산출과정

구체적인 예를 들어 조합원 분담금의 실제 산출과정을 자세히 살펴보겠습니다.

위의 그림에서 해당 정비구역내 종전자산의 평가액이 500억원이고 공사비와 기타 사업비를 포함한 총 사업비가 800억원, 조합원 및 일반 분양을 통한 전체 종후자산의 평가액이 1,400억원이라면 비례율은 120%가 됩니다.

(1,400억원 - 800억원) / 500억원 = 1.2 (120%)

만약, 특정 조합원(A)의 종전자산 평가액이 2억원이면 비례율이 120%이므로 이 조합원의 권리가액은 2.4억원 (=2억원 x 120%)이 되며, 분양 신청한 아파트의 조합원 분양가가 3억원이라면 조합원 분담금은 0.6억원 (=3억원 - 2.4억원)이 됩니다.

| 비례율의 의미

사업성 지표인 '비례율'이 높으면 조합원의 권리가액이 높아져서 조합원 분담금이 줄어들게 됩니다. 즉, 적은 분담금으로도 원하는 아파트를 받을 수 있습니다.

일반적으로 조합원 분양가나 조합원 분양세대보다 일반분양가가 높거나 일반분양 세대수가 상대적으로 많아지면 비례율이 올라갑니다. 또한 해당 정비사업의 사업비가 낮아도 비례율이 올라갑니다.

반대로 시공비를 포함한 제반 사업비가 많아지거나 사업이 지연되어 사업비 대출에 따른 금융비용이 증가하는 경우에는 비례율이 낮아집니다. 다음은 비례율에 영향을 주는 주요 요인들을 나타낸 것입니다.

비례율 상승	비례율 하락
일반 분양세대 증가 일반분양 활성화로 분양가 상승	공사비 등 사업비 증가 현금청산 대상자 증가 사업지연으로 금융비용 증가

| 종전자산의 감정평가와 비례율

정비사업이 진행됨에 따라 조합원들은 각자 소유한 부동산의 감정평가에 큰 관심을 가질 수 밖에 없으며 누구나 높은 감정평가액을 받기 원합니다.

그런데 모든 조합원이 일률적으로 높은 감정평가를 받거나 또는 일률적으로 낮은 감정평가를 받는 것은 해당 구역의 비례율에는 영향을 주지 않습니다. (Book+ 4-3 참조)

따라서 정비구역 투자의 핵심은 **내 물건의 감정평가액이 다른 조합원의 감정평가보다 상대적으로 더 잘 나오는 것이 중요**합니다. 즉 해당 구역내 감정평가가 잘 나올 물건을 가급적이면 싸게 사는 것이 중요합니다.

| 합리적인 비례율 수치

앞서 애기한 것처럼 비례율이란 정비사업의 사업성을 나타내는 지표임에는 틀림이 없습니다. 개별 조합원의 입장에서는 비례율이 높을수록 조합원 분담금이 낮아진다는 인식 때문에 자신이 보유한 부동산에 대한 감정평가에 많은 관심을 갖게 됩니다.

그런데, 정비사업을 주도하는 **조합의 입장에서는 사업전반에 대한 효율적 관리를 해야 하므로 정비사업 전체의 수익구조를 감안**해야 합니다.

조합도 일종의 영리를 목적으로 하는 법인체이므로 정비사업을 통해 수익이 많아지면 그 만큼 세금을 많이 내야 합니다. 따라서 일정 수준으로 아파트를 신축하고 남는 이익금을 다시 조합원을 위한 경비로 비용처리하는 방법을 쓰고 있습니다. 오히려 경비처리하는 것이 절세측면에서 더 유리하기 때문입니다.

예를 들어 시스템 에어컨설치, 고급 빌트인 제품설치, 커뮤니티 시설의 고급화 등을 통해 총사업비를 늘려서 이익을 줄입니다. 결국 비례율을 최대한 100%에 맞추도록 노력하고 있습니다.

| 비례율은 변한다.

비례율은 고정된 값이 아닙니다. 정비사업은 장기간의 시간이 필요하므로 예기치 못한 상황이 발생하여 **각종 비용 요소가 변하기 때문**입니다.

건축설계의 변경, 공사비 증가(원자재값 상승), 분쟁으로 인한 사업지체(금융비용 발생), 과도한 보상비, 주택도시보증공사(HUG)의 분양보증문제 등 다양한 문제로 인해 비례율은 달라지기가 쉽습니다.

즉, 사업초기에 추정되는 비례율을 맹신해서는 안됩니다.

4-5
재건축사업과 무상지분율

'비례율'이 주로 재개발의 사업성을 나타내는 지표라면 재건축에 있어서는 '무상지분율'이 사업성 지표가 됩니다. 주로 '지분제 방식'의 재건축 사업에서 사용하는 지표입니다.

일반적으로 해당 재건축 구역의 토지 위에 용적률을 꽉 채워서 고층아파트를 짓게 되면 종전보다 세대수와 전용면적 등이 늘어나게 됩니다. 이 때 **얼마나 더 큰 평형으로 넓혀갈 수 있는 지를 나타내는 지표**가 바로 '무상지분율'인 것입니다.

무상지분율은 다음과 같이 조합원의 대지지분을 기준으로 시공사가 조합원에게 분담금 없이 줄 수 있는 면적비율로 계산됩니다.

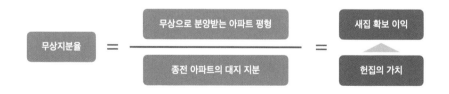

만약 조합원이 분양 신청하고자 하는 아파트 평형이 무상으로 분양받는 평형보다 큰 경우 (즉 조합원 권리가액보다 큰 경우)에는 그 차이에 해당하는 조합원 분담금을 내야 합니다.

예를 들어 무상지분율이 130%이고 종전에 조합원 대지지분이 60m²이라 하면 분양면적이 72m² 인 아파트를 무상으로 받을 수 있습니다. 해당 조합원이 84m²형 아파트를 분양받고 싶다면 그 차이인 12m²에 해당하는 조합원 분담금을 내야 합니다.

무상지분율이 높다는 것은 무상으로 받는 면적이 넓기 때문에 그 만큼 투자가치가 높다는 것을 의미합니다.

그럼 이 무상지분율은 실제로 어떻게 계산되는지 알아보겠습니다. 먼저 해당 재건축을 통해 얻어지는 개발이익을 다음과 같이 산출합니다.

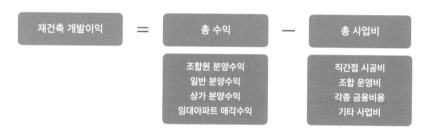

즉, 재건축 개발이익은 총 수익에서 총 사업비를 뺀 금액으로 재개발 비례율의 산식에서 분자에 해당합니다.[111] 이 개발이익을 해당 구역의 전체 대지평형으로 나누면 (대지)평당 개발이익이 산출됩니다.

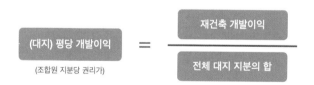

이는 대지 지분 1평을 가진 조합원에게 주어지는 수익이라 할 수 있으므로 **'조합원 지분당 권리가'**라고 부르기도 합니다. 이 값을 평당 분양가로 나누면 무상지분율과 같아집니다.

---

111)   즉, '종후자산 감정평가액 - 총 사업비'와 같습니다.

무상지분율이 높으면 해당 사업장의 사업성이 높은 것을 의미합니다. 일반적으로 재건축을 통해 용적률이 높아지고 일반분양 물량이 많아지면 무상지분율이 높아지고 반대로 각 종 공사비, 금융비용, 공사기간 연장 등이나 조합원 분양가가 높아지면 무상지분율이 낮아집니다.

4-6
어떤 물건을 살 것인가?

재개발·재건축의 성공 투자를 위해서는 남보다 감정평가가 잘 나올 물건을 싸게 사는 것이 핵심입니다. 중개사 사무실에서 추천하는 물건의 거래가액에만 의존하지 말고 투자할 정비구역의 사업성과 사업 여건 등 투자이익에 영향을 주는 다양한 요소들도 감안해야 합니다.

보통, 공동주택공시가에 적당한 수치(1.3~1.6)를 곱하거나 감정가를 적당하게 예측하여 소개받는 경우가 있는데, 최종 투자 책임은 매수자에게 있으므로 그 근거에 대해 꼼꼼하게 따져봐야 합니다. 투자자 스스로 예상 감정가를 판단하고 프리미엄이 적정한지 판단하는 것이 좋습니다.

또한 해당 구역의 비례율이 120%, 130% 라면서 사업성이 좋다고 하는데 이에 대한 근거도 따져봐야 합니다. **비례율은 절대적인 수치로 고정된 값이 아니라 사업이 진행되면서 변하기 때문**입니다.

물론 초보 투자자에게는 다소 어렵겠지만 성공투자를 위해서는 꾸준하게 노력하시기를 바랍니다.

| 물건 선정시 체크리스트

정비구역내 투자할 물건을 선정할 때는 무턱대고 가격만 볼 것이 아니라 다음과 같이 각 특성에 따라 다양한 사항을 비교·조사하는 것이 좋습니다.

구분		체크리스트
부동산 종류	토지	위치, 면적, 용도지역, 경계와 형상, 이용현황, 주위여건
	건물	구조, 규모, 연식, 대수선(리모델링) 현황, 이용현황, 무허가건축물 여부
	구분 부동산	위치, 전용률, 대지지분, 주차장, 부속건축물(담장, 지하실, 계단, 창고, 보일러실 등)
거래사례[112]	구역내	구역내 유사 부동산의 분포 상대적 위치[113]와 유사성이 높은 부동산의 거래사례
	인근 지역	싱대적 위치와 유사성이 높은 부동산의 거래사례

대지지분이 큰 것이 좋습니다.

정비사업의 본질은 한정된 토지의 이용효율은 높이는 것이므로 대지지분이 큰 것이 유리하다는 것은 당연한 얘기입니다. 다만, 다음 몇 가지 포인트를 감안해야 합니다.

다세대주택(빌라)의 경우 같은 라인의 세대라면 대부분 대지지분이 같습니다. 따라서 만약 지하층 세대가 다른 층과 비교하여 상당히 저렴하다면 오히려 지하층의 투자 수익율이 높을 수 있습니다. 반대로 지하층과 1층 세대의 거래가가 비슷하다면 당연한 얘기지만 1층을 매입하는 것이 유리합니다. 지하층 보다는 1층의 감정평가가 잘 나오고 임대도 더 잘 나가기 마련입니다.

---

112) 감정평가의 기준은 사업시행계획 인가일이므로 그 전의 거래사례를 말합니다,
113) '상대적 위치'라 함은 해당 물건의 위치와 같은 정도의 위치를 뜻합니다.
   즉, 중심부와 주변부, 대로변, 구릉지 및 경사지 등의 위치의 특성을 말합니다.

중층 이상의 아파트라면 로얄동, 로얄층의 감정평가가 더 잘 나오고 향·전망이 좋을수록 유리합니다. 또한, 같은 아파트 단지내 동일 평형대라도 동별로 대지지분이 서로 다를 수 있습니다. 다세대주택은 물론이고 아파트의 경우도 분양면적이 작더라도 대지지분이 오히려 더 큰 경우도 있습니다. 같은 금액이면 대지지분이 큰 쪽에 투자하는 것이 유리합니다.

연면적이 넓은 것이 좋습니다.

정비구역내 건물은 대부분 노후도가 심하기 때문에 땅값에 비해 감정평가가 낮게 나옵니다. 그러나 가급적이면 연면적이 넓은 물건이 유리합니다. 이때 무허가로 증축된 면적은 배제됩니다. 투자 전에 반드시 건축물 대장 등을 열람해서 공부상 면적이 어떻게 등재되어 있는지 확인해야 합니다.

위치(접근성)도 살펴봐야 합니다.

재개발의 경우에는 구역내 중심지, 접근로, 대로변으로 부터의 상대적 위치가 중요합니다. 즉, 같은 다세대주택이나 상가를 매입하더라도 대로변일 경우 접근성이 좋기 때문에 거래가가 높고 감정평가에도 유리하게 반영됩니다.

또한 높은 구릉지나 경사도가 급한 경우보다는 평지에 있는 부동산이 더 유리합니다.

주택의 경우 골목 입구에 있는 경우가 아니라면 큰 차이는 없습니다. 만약 그 골목길 입구가 대로변에 노출되어 있다면 첫 번째 물건의 감정평가가 높지만, 안 쪽으로 들어가면 옆 집과의 차이는 그리 크지 않습니다.

그 밖에

건물의 노후도, 부속 건축물(담장, 지하실, 계단, 창고, 보일러실, 주차장), 리모델링 여부 등도 감안해야 합니다.

4-7
투자이익의 판단

| 사업단계별 투자금 및 미래수익

　일반적으로 부동산 상승장에는 신축 아파트에 대한 기대감이 커지므로 정비사업에 우호적인 여건이 형성됩니다. 노후화된 주거환경을 허물고 최신 트렌드에 맞는 신축 아파트 단지가 형성되면 입주 후에도 가격은 우상향하기 때문입니다.

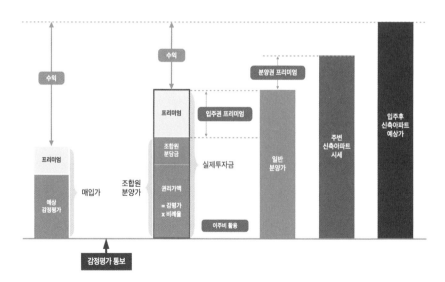

사업 초기에는 불확실성이 크기 때문에 막연한 기대감으로 프리미엄이 형성됩니다. 조합이 설립되고 사업시행계획인가 단계에 접어 들게 되면 불확실성이 점차 줄어들기 때문에 가격이 점점 높아지기 마련입니다.

| 감정평가 통보 단계의 수익구조

종전자산 감정평가 결과가 조합원에게 통보되고 권리가액이 확정되게 되면 대략적인 조합원 분담금이 정해지므로 총 투자금이 확정되는 단계에 이릅니다. 일반적으로 조합원 분양가는 일반 분양가 대비 70~80% 수준이므로 대략적인 투자 이익은 그 차이에 해당합니다.

| 관리처분 단계의 수익구조

관리처분은 정비사업 전체 구조가 확정되면서 비용변수들이 거의 확정처분되는 단계입니다. 또한 관리처분 후에는 철거와 이주가 진행 됨에 따라 이주비와 추가이주비 등을 활용할 수 있게 됩니다. 이주비를 레버리지로 활용하게 되므로 수익구조가 더 개선될 수 있습니다. (5장 6절 참고)

| 입주후 신축아파트 효과

신축 아파트가 완성되면 기존 인근 아파트는 상대적으로 구축 아파트가 됩니다. 따라서 정비사업으로 인한 신축아파트는 가격 상승의 추동력을 얻을 수 있습니다. 새로운 유행에 맞는 신축 아파트가 되는 것은 물론이고 정비기반시설도 새롭게 갖춰지므로 해당 지역의 대장 아파트가 될 수도 있습니다.

| 투자 수익에 대한 합리적 판단

　정비사업의 투자 이익에 영향을 주는 것은 실로 다양합니다. 해당 사업장의 사업성이나 물건의 가치 등 직접적인 요소도 있지만 장기간의 시간이 필요한 **정비사업은 일반적인 부동산 개발과 다른 간접적인 요인에 따라 투자 수익이 달라지기 마련입니다.**

　아래 정리한 것은 그런 요인들을 몇 가지 기준으로 나눈 것입니다. 각 개별 요소들이 단독으로 영향을 주는 것이 아니라 복합적으로 맞물려 있습니다.

구분		영향을 주는 요소
직접 요소	사업성 영향요소	용적률 완화, 용도지역 비례율, 무상지분율 일반 분양세대 및 일반 분양가 (임대주택 세대) 사업진행 변수 (각종 분쟁 등 사업지체 요소)
	물건의 가치	투자물건의 감정평가 조합원 분양가와 분담금 이주비, 추가이주비, 이사비 조합원 부담금(재건축 초과이익환수제)
	투자자 상황	실입주자 vs 투자자 조합원 입주권, 대체주택 주택 보유수 (무주택자, 1주택자, 다주택자) 부동산 관련 세금 및 절세 전략
간접 요소	정비구역 여건	건설사 브랜드 및 신축아파트 효과 위치적 요건 : 교통, 자연환경, 유해시설 유무 단지의 규모 : 대단지, 소규모 단지 등 주거 편의 및 문화 시설 : 학군, 쇼핑, 의료, 문화 시설
	부동산 시장상황	거시경제 여건 : 통화량, 물가, 금리, 대출규제 인구구조와 세대구성의 변화 부동산 상승장과 침체장 (주택 수급상황) 가처분소득의 증감과 투자 심리

| 수익률의 함정

건물을 신축하여 분양 또는 임대를 주거나 상업용 건물을 매입하여 임대를 주는 경우에 보통 투자금 대비 수익을 계산하여 수익률을 예측하게 됩니다. 투자에 따른 수익을 따져보는 것은 너무나 당연한 경제활동 임에 틀림이 없습니다.

그러나 **수익률 그 자체의 계산에만 매달려 오히려 더 크게 영향을 주는 요인들을 간과하는 경우가 종종 있습니다.** 심지어는 투자금이 묶여서 곤란한 상황에 빠지기도 합니다. 부동산 투자는 큰 돈을 벌어줄 수도 있지만 거래 자체가 안되는 '거래절벽' 상황에 처할 수도 있습니다.

정비사업도 절대 예외가 될 수 없습니다. 정비사업 투자는 미래의 신축 아파트에 대한 기대 투자입니다. 더군다나 사업기간도 몇 년은 기본이고 대부분 10여년을 훌쩍 넘어서게 됩니다.

아파트는 주거공간이고 눈에 보이는 물건입니다. 그래서 심리적으로 안전한 투자라고 여기지만 좀 더 시야를 넓히고 시간 축을 길게 늘려서 생각해 보면 부동산 만큼 어려운 투자도 없습니다. 게다가 부동산 관련 각종 대책이나 법 개정이 수시로 일어나고 있습니다.

간혹, 부동산의 투자수익을 따지기 위해 부동산 관련 각종 지표(매매지수, 수급동향, 전세가율, 미분양 물량 등)나 경제관련 지표(물가상승율, 경기동행지수, 금리 등)을 감안하여 간단한 수식으로 예측하는 경우가 있습니다.

심지어는 단지내 세대수, 평형구성, 브랜드 명, 상대적인 위치까지도 무리하게 수치화하는 경향도 있습니다. 단순 비교는 의미있지만 의존하는 것은 위험하다고 판단합니다.

즉, 다른 종류의 자산(금융관련)과 마찬가지로 부동산도 **특정 요인 몇 가지로 투자 이익을 정량적으로 계량화한다면 자칫 투자오류의 함정에 빠질 수 있기 때문에 주의해야** 합니다.

재개발과 재건축 투자를 하면서 사업성이 좋은 구역에서 수익성이 좋은 개별 물건을 찾는 것은 물론이고 늘 부동산 시장 전체에 영향을 주는 거시적인 경제 안목을 키워가는 것이 가장 중요한 투자 포인트라 할 수 있습니다.

BOOK +

4-1 : 표준지 공시지가와 개별공시지가

표준지 공시지가

표준지공시지가는 매년 1월 1일을 기준으로 국토교통부 장관이 조사·평가하여 공시하는 표준지의 단위면적당(㎡) 가격을 말합니다. 이 때 토지의 이용 상황이나 주변 환경조건이 유사하다고 인정되는 대표성 있는 토지 50만 필지를 전국에서 선정하여 적정가격을 산정하게 됩니다.

표준지공시지가는 감정평가사에게 평가를 의뢰해 토지 소유자와 시·군·구의 의견을 듣고, 시·군·구 토지평가위원회와 중앙토지평가위원회 등의 심의를 거쳐 공시하게 됩니다. 표준지공시지가는 전국의 개별공시지가 산정과 보상평가 등의 기준이 되며, 양도세·보유세 등 세금과 각종 부담금의 부과 기준으로 활용됩니다.

개별 공시지가

개별공시지가는 시장·군수·구청장이 국토교통부 장관이 결정하여 고시한 표준지공시지가를 기준으로 산정한 단위면적당(㎡) 가격을 말합니다. 개별공시지가는 양도소득세·상속세·종합토지세·취득세·등록세 등 국세와 지방세는 물론 개발부담금·농지전용부담금 등을 산정하는 기초자료로 활용됩니다. 한국부동산원 공시가격 알리미에서 조회할 수 있습니다.

구분	표준지 공시지가	개별 공시지가
주체	국토교통부 장관	시,군, 구청장
공시	매년 2월말 (기준일은 1월 1일)	매년 5월 말
평가방식	거래사례비교법을 원칙으로 하나 필요시 수익환원법, 원가법	표준지 공시지가로부터 추정
효력	토지거래의 지표 개별토지가의 산정기준 보상금의 산정기준	국세 및 지방세의 부과 기준 각종 부담금의 부과 기준

4-2 : 건축물 재조달 원가

아래 재조달원가 자료는 한국부동산연구원에서 2019년 1월 기준으로 발간한 '건축물 재조달원가 자료집'에 실린 자료입니다.

아래 표에서 급수는 도장공사, 목 및 수장공사, 노무비, 감리비 등의 차이로 나눈 것입니다.

도장공사 : 천연페인트, 비닐페인트, 수성페인트

목 및 수장공사 : 강화마루, 합판마루

기타, 세부 공사자재에 따라 달라짐

구조	급수	표준단가 (m²당)	내용연수 (년)
목조/목조지붕틀/시멘트기와	2	1,186,000	40
	3	1,064,000	40
	4	902,000	40
목조/목조지붕틀/소골슬레이트	4	818,000	40
	5	771,000	40
목조/목조지붕틀/대골슬레이트	4	813,000	40
	5	767,000	40
목조/목조지붕틀/점토기와	2	1,247,000	40
	3	1,138,000	40
	4	1,001,000	40
벽돌조/목조지붕틀/시멘트기와	2	1,224,000	45
	3	1,071,000	45
	4	963,000	45
벽돌조/목조지붕틀/금속기와	2	1,196,000	45
	3	1,042,000	45
	4	935,000	45
벽돌조/평지붕	2	1,139,000	45
	3	1,037,000	45
	4	931,000	45
벽돌조/박공지붕/점토기와	1	1,381,000	45
벽돌조/박공지붕/시멘트기와	3	1,121,000	45
벽돌조/박공지붕/아스팔트싱글	4	933,000	45

구조/지붕틀/지붕재		가격	
치장벽돌조/목조지붕틀/시멘트기와	2	1,330,000	45
	3	1,199,000	45
	4	1,060,000	45
치장벽돌조/목조지붕틀/금속기와	2	1,291,000	45
	3	1,172,000	45
	4	1,033,000	45
치장벽돌조/목조지붕틀/오지기와	2	1,321,000	45
	3	1,214,000	45
	4	1,090,000	45
치장벽돌조/평지붕	2	1,092,000	45
	3	991,000	45
	4	939,000	45
치장벽돌조/목조지붕틀/금속기와	2	1,244,000	45
치장벽돌조/목조지붕틀/시멘트기와	3	1,042,000	45
치장벽돌조/목조지붕틀/아파트싱글	4	965,000	45
블록조/목조지붕틀/시멘트기와	2	1,124,000	40
	3	1,024,000	40
	4	920,000	40
블록조/목조지붕틀/금속기와	2	1,108,000	40
	3	1,009,000	40
	4	906,000	40
블록조/평지붕	2	1,103,000	40
	3	981,000	40
	4	899,000	40
블록조/박공지붕/점토기와	2	1,180,000	40
블록조/박공지붕/시멘트기와	3	974,000	40
블록조/박공지붕/아사팔트싱글	4	834,000	40
철근콘트리트/평지붕	3	1,168,000	50
	4	1,072,000	50
	5	975,000	50
철근코트리트/박공지붕/점토기와	2	1,318,000	50
철근코트리트/박공지붕/시멘트기와	3	1,137,000	50
철근코크리트/박공지붕/아스팔트싱글	4	993,000	50
철골조/철골지붕틀/점토기와	1	1,658,000	40
철골조/철골지붕틀/시멘트기와	2	1,462,000	40
철골조/철골지붕틀/아스팔트싱글	3	1,329,000	40

BOOK +

4-3 : 종전자산의 감정평가와 비례율

　해당 조합의 모든 조합원이 일률적으로 높은 감정평가를 받거나 또는 일률적으로 낮은 감정평가를 받는 것은 해당 구역의 비례율에는 영향을 주지 않습니다.

　예를 들어 어떤 구역의 조합원이 10명(평균대지지분이 40평)이라 하고 신축되는 아파트는 34평형으로 15세대가 구성되어 있으며 분양가는 공급면적 기준으로 평당 3천만원이라 하고 신축에 따른 공사비 및 기타 사업비는 평당 1천만원이라고 가정하겠습니다. (현금청산대상자는 없음)

　　조합원 : 10명
　　분양아파트 : 15세대 (조합원 분양 10세대, 일반 분양 5세대)
　　신축분양가 : 10.2억원 (=34평x3천만원)
　　　　　　　　　(계산 편의를 위해 일반 및 조합원 분양가가 동일하다고 가정)
　　종후자산 평가액 : 153억원 = 15명 x 10.2억원
　　총사업비 : 51억원 (=34평x15세대x1천만원)

[조합원 감정평가액 : 8억원으로 가정]
　종전자산 평가액 : 80억원 = 10명 x 8억원
　비례율 = (153-51) / 80 = 127.5(%)
　조합원 권리가액 : 10.2억원 = 8억원 x 127.5(%)
　조합원 분담금 : 0원 = 10.2억원 (분양가) - 10.2억원 (권리가액)

[조합원 감정평가액 : 12억원으로 가정]
　종전자산 평가액 : 120억원 = 10명 x 12억원
　비례율 = (153-51) / 120 = 85.0(%)
　조합원 권리가액 : 10.2억원 = 12억원 x 85.0(%)
　조합원 분담금 : 0원 = 10.2억원 (분양가) - 10.2억원 (권리가액)

위의 결과에서 알 수 있듯이 조합원 모두의 감정평가액이 일률적으로 높거나 낮은 것은 비례율에는 영향을 주지만 조합원 개인에 대한 조합원 분담금에는 영향을 주지 않습니다.

조합원 감정평가액이 일률적으로 낮으면, 비례율이 높아져서 종전자산에 비해 권리가액이 높아지게 되어 조합원들의 분양참여율이 높아지게 됩니다.
또한 낮은 감정평가 금액으로 인해 현금청산자도 적어지게 되므로 사업 추진에 오히려 도움이 되는 측면도 있습니다.

BOOK +

4-4 : 재건축 초과이익환수제

재건축초과이익환수제는 '도시 및 주거환경정비법'에 의한 재건축사업 및 '빈집 및 소규모주택 정비에 관한 특례법'에 따른 소규모재건축사업에서 발생되는 초과이익을 환수하는 제도로서 이 때 환수하는 금액을 **재건축 부담금**'이라 합니다. 이는 조합원의 분양신청에 따른 '조합원 분담금'과는 다른 것입니다.

재건축 부담금의 계산

$$재건축 \ 부담금 = \frac{재건축 \ 초과이익}{조합원수} \times 부과율$$

① 재건축 초과이익 = 종료시점 주택가액 – 개시시점 주택가액

         – 정상주택 상승분 – 재건축 소요비용

② 개시시점 : 조합설립추진위원회가 승인된 날[114]

③ 종료시점 : 재건축 사업의 준공인가일 (또는 건축물 사용개시일)

④ 개시시점 주택가액 : 개시시점 실거래가액 x 종료시점 공동주택 공시가격

         / 종료시점 실거래가액[115]

⑤ 정상주택상승분 : 개시시점 주택가액에 정기예금이자율과 종료시점까지의

         해당 사업장이 소재하는 구역의 평균주택가격상승률 중 높은 비율을

         곱하여 계산

⑥ 재건축 소요비용 : 공사비, 설계감리비, 세금과 공과금, 기부액, 양도세액,

         기타비용 등

---

114)   단, 부과개시시점부터 부과종료시점까지의 기간이 10년을 초과하는 경우에는 부과종료시점으로 부터 역산하여 10년이 되는 날을 개시시점으로 합니다. (재건축 초과이익 환수제에 관한 법률 제8조 제2항)

115)   재건축초과이익 환수에 관한 법률 시행령 제6조 제2항

부과율

부과의무자가 납부하여야 할 재건축부담금은 재건축초과이익을 해당 조합원 수로 나눈 금액에 다음의 부과율을 적용하여 계산한 금액을 그 부담금액으로 산정합니다.

조합원 1인당 평균이익 (부과기준)	조합원 1인당 부과율
3천만원 이하	면제
3천만원 초과 ~ 5천만원 이하	3천만원 초과금액의 10%
5천만원 초과 ~ 7천만원 이하	200만원 + 5천만원 초과금액의 20%
7천만원 초과 ~ 9천만원 이하	600만원 + 7천만원 초과금액의 30%
9천만원 초과 ~ 1억 1천만원 이하	1,200만원 + 9천만원 초과금액의 40%
1억 1천만원 초과	2,000만원 + 1억 1천만원 초과금액의 50%

상가조합원이 아파트 입주권을 분양받는 경우

과거에는 상가조합원의 경우 해당 구역내에서 보유 주택이 없었기 때문에 개시시점의 주택가격을 '0'원으로 처리했는데 2022.8.4.일부터는 개시시점에서 부대 및 복리시설(상가)의 감정평가액을 주택가격과 합산하여 산정하도록 했기 때문에 상가조합원의 조합원 부담금이 크게 줄어들게 되었습니다.[116]

재건축부담금 면제제도

2017.12.31.까지 관리처분계획의 인가를 신청한 재건축사업장이나 사업시행계획의 인가를 신청한 소규모재건축 사업장은 재건축부담금을 면제합니다.

재건축부담금의 결정 및 부과

위 종료시점(준공인가일)부터 5개월 이내에 부과됩니다.

---

116)   재건축초과이익 환수에 관한 법률 시행령 제9조 제1항

재건축 부담금의 문제점

재건축 부담금에 대한 다양한 문제점이 도출되고 있으나 헌법재판소의 합헌 결정으로 현재까지 큰 부담이 되고 있습니다. 재건축 부담금으로 인해 해당 재건축 사업이 원활하게 진행되지 못하고 '공급확대' 정책의 걸림돌이 되자 정부는 이에 대한 개선책을 지속적으로 마련하고 있습니다.

재건축 부담금이란 결국 개발이익에 대한 세금이므로 각 사업장에서는 다양한 방법으로 이를 줄이려고 합니다. 예들 들어 일반 분양분을 줄이려고 1대1 재건축을 하거나, 시공비를 늘리기 아파트 고급화를 하는 경우가 많습니다.

4-5 : 도급제와 지분제

시공사와의 공사계약방식은 크게 도급제와 지분제로 나뉩니다. 도급제는 정비 사업 전반에 대하여 조합의 전적인 책임 하에 시공사는 도급계약을 통해 지급받는 공사비로 시공만 책임지는 사업방식이고 지분제는 시공사가 조합원의 무상지분을 확정해 주고, 시공사의 전적인 책임으로 사업을 진행하는 방식입니다.

구분	도급제	지분제
공사계약 대상	총 공사비	무상지분율
분양 책임	조합 (시공사는 분양대행)	시공사
분양 주체	시행자 (조합)	시행자 (조합)
분양 수익의 귀속	조합	시공사

시공사와의 계약방식은 시공사 선정총회에서 결정하게 됩니다.

일반적으로 조합(또는 조합원)의 경제여건 즉 공사비 납부능력, 시공사의 조합 사업비 대출에 대한 보증능력, 부동산 시장 등을 고려하여 결정하게 되는데 대개의 경우 재개발은 도급제, 재건축은 지분제 방식으로 계약합니다.

지분제 방식에도 '확정지분제'와 '변동지분제'의 두 가지 방식이 있는데 만약 일반분양시 미분양이 생긴다면 변동지분제의 경우에는 무상지분율이 줄어들게 됩니다.

5 투자전략

BOOK +

5-1
투자전략

재개발과 재건축 투자의 본질은 좋은 물건을 싸게 사서 중간에 매도하거나 신축 후 입주하는 것입니다. 즉, 투자용이나 입주용이냐에 따라 신축 아파트에 대한 투자 방법이 달라져야 합니다. 또한 무주택자일 경우와 다주택자일 경우에도 다를 수 밖에 없습니다.

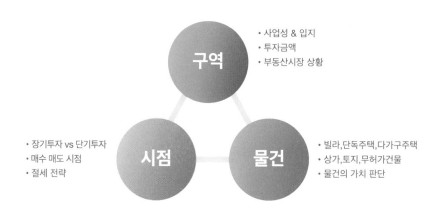

정비구역의 선정, 투자할 시점 그리고 구체적인 물건에 이르기까지 투자 결정을 위해서는 고려해야 할 사항이 한 두 가지가 아닙니다. 완공된 아파트를 사는 것은 대형마트에 진열된 완제품을 사는 것과 같지만 재개발·재건축에

투자하는 것은 제품의 설계와 제조단계에서부터 참여하는 것과 같기 때문입니다. 따져보고 확인할 것이 많지만 그 만큼 투자효과가 크기 때문에 매력 있는 투자입니다.

몇 가지 포인트에서 고려해야 할 사항을 살펴보겠습니다.

일반적으로 정비사업은 구역지정에서 신축완공 및 입주할 때까지 상당한 시간이 걸립니다. 다음은 서울시의 몇 군데 정비구역의 사업단계별 일정을 나타낸 것입니다.[117)]

사업단계	한남3 재개발	갈현1 재개발	북아현3 재개발	가락시영 재건축	개포주공3 재건축
구역지정	09.10.01	11.09.30	08.02.05	12.08.16	12.09.27
조합인가	12.09.04	15.12.02	08.09.26	03.06.12	13.01.22
사업시행	19.03.29	19.01.31	11.09.01	08.04.01	14.05.22
관리처분	준비중	22.05.06	준비중	15.01.27	15.09.30
착공신고		준비중		15.11.01	15.06.21
준공인가				18.12.28	19.08.29
이전고시				21.01.28	20.03.06

짧게는 4~5년 만에 끝나는 극히 예외적인 경우도 있지만, 대부분은 10여년 또는 그 이상의 시간이 걸립니다.

초기단계에 진입할수록 수익이 크지만, **시간이 많이 걸린다는 점을 감안하여 다양한 투자 리스크도 따져봐야** 합니다. 따라서 본인이 직접 거주하는 동네가 정비구역으로 지정되는 경우가 아니라면 사업초기부터 해당구역에 진입하는 것은 보다 신중해야 합니다.

---

117) 출처 : 서울시 정비사업 정비몽땅

또한 본인의 보유 주택수에 따라 투자방향도 달라집니다. 조정지역내 다주택자일 경우 각 종 세금의 중과 부담이 크고 대출한도에도 제약이 있기 때문입니다.

또한 투기과열지역에서는 조합원 지위양도에 제한이 있습니다. 재개발은 관리처분계획 인가일 이후에 제한이 있고, 재건축의 경우에는 조합설립인가일 이후에 제한이 있습니다.[118]

한편 대체주택을 활용한 비과세 혜택도 감안해 볼 필요가 있습니다. 정비구역내 보유 부동산이 멸실(철거)되면서 이주해야 하는 세대에 대하여 양도세 부담을 완화해주는 제도입니다. 또한 멸실된 입주권에 대한 투자나 입주권 증여 등에 대한 고민도 해 볼 필요가 있습니다.[119]

앞에 4장에서는 물건의 가치를 판단하는 것을 살펴보았습니다. 이번 5장에서는 투자할 정비구역을 선정하는 판단기준과 실제로 따져봐야 하는 구체적인 사항을 살펴보겠습니다.

---

118)   Book+ 2-2 '투기과열지구에서의 조합원 지위양도 제한' 참조
119)   제7장 참조

5-2
용적률과 평균대지지분

먼저 사업성이 좋은 정비구역을 찾는 것이 중요합니다. 사업성이 좋은 곳이라면 투자이익도 크지만 그 만큼 조합원들의 참여도가 높기 때문에 사업의 진행속도가 빠르기 마련입니다.

┃ 용적률의 완화와 기부채납

'**용적률의 완화**'를 통해 정비사업의 이익이 얼마나 확보될 수 있는 지를 살펴봐야 합니다. 정비사업의 핵심은 한정된 토지의 수평적 이용을 수직적 이용으로 효율성을 극대화하는 것이기 때문입니다.

따라서 정비사업 진행 전에 기존 용적률 현황과 토지등 소유자의 대지 이용현황(즉, 대지지분)이 어느 정도인지를 알아보고 해당 정비사업을 통해 어느 정도로 토지의 이용 효율이 높아지는지(즉, 용적률이 완화되는지) 알아보는 것이 중요합니다.

다음은 '국토의 계획 및 이용에 관한 법률'에 규정된 법적 상한용적률과 '서울특별시 도시계획 조례'에 규정된 서울시 상한용적률을 나타냅니다.[120]

---

120) 국토의 계획 및 이용에 관한 법률 시행령 제84조, 제85조
　　　서울특별시 도시계획 조례 제54조, 제55조 (2022.8.1.기준)

용도지역	법적 상한용적률		서울시 상한용적률	
	건폐율	용적률	건폐율	용적률
제1종 전용주거지역	50%	100%	50%	100%
제2종 전용주거지역	50%	150%	40%	120%
제1종 일반주거지역	60%	200%	60%	150%
제2종 일반주거지역	60%	250%	60%	200%
제3종 일반주거지역	50%	300%	50%	250%
준주거지역	70%	500%	60%	400%

이때 법적상한용적률에서 해당 구역의 정비사업의 용적률을 뺀 용적률을 **초과용적률**이라 하는데, 이 초과용적률에 해당하는 면적 중 일정비율은 시도 조례에서 정하는 바에 따라 다음과 같이 국민주택규모의 주택을 건설하여 기부채납을 해야 합니다.[121]

구분		초과용적률중 국민주택규모 주택 건설비율
과밀억제권역	재개발	초과용적률의 50%이상 75%이하
	재건축	초과용적률의 30%이상 50%이하
과밀억제권역 외	재개발	초과용적률의 75%이하
	재건축	초과용적률의 50%이하

예를 들어, 원래의 계획 용적률이 250%인 정비구역에서 조합원 및 일반 분양 가구수가 250세대였는데, 용적률이 300%까지 완화된다면 초과용적률이 50%가 되므로 50세대가 증가됩니다. 이때 이 중 50%인 25세대는 기부채납으로 할당되고 나머지 25세대는 일반분양 대상이 되어 그 분양수익 중 일부 금액 만큼 조합원의 분담금이 줄어들게 됩니다.

---

121)　도시 및 주거 환경정비법 제54조, 제55조

| 용적률과 대지지분의 관계

정비구역의 용적률 완화도 중요하지만 **대지지분**[122]도 중요합니다. 일반적으로 대지지분을 통해 주거의 쾌적성을 가늠할 수 있습니다. 대지지분이 큰 구역은 상대적으로 용적률이 낮다는 뜻으로 같은 면적에 토지 등 소유자 수가 적어서 여유 공간이 많음을 나타냅니다. 각 세대별 대지지분을 확인하는 방법은 다음과 같습니다.

재건축 구역

각 세대별로 등기부 등본에 대지지분이 표시되어 있습니다.[123]

재개발 구역

다세대주택 : 아파트와 같은 집합건물이므로 세대별 등기분 등본에
나타나 있습니다.
단독주택 : 토지등기부 등본을 통해 확인할 수 있습니다.

일반적으로 정비구역의 사업성을 판단하는 기준으로 전체 면적을 토지 등 소유자의 수로 나눈 '**평균대지 지분**'을 활용합니다.[124]

평균대지지분이 많으면 주거의 쾌적성 확보는 물론이고 용적률 완화(종상향)에 따른 사업이익이 늘어나게 됩니다. 즉 재개발에서는 일반분양 물량이 많아지고 재건축은 무상지분율을 높게 받을 수 있습니다. 조합원으로서의 투자 가치가 그 만큼 더 커지게 되는 것입니다.

---

122) 대지지분 : 거주하는 아파트 단지 전체 면적에서 자신이 소유하고 있는 대지 면적
123) 아파트와 같은 집합건물의 경우에는 등기부등본 표제부에 표시되어 있습니다.
124) 평균대지지분 : 1세대가 몇 평의 대지지분을 갖는 지를 나타내는 수치로서 법률상
정의된 용어는 아닙니다. (평균대지지분 = 구역 대지면적 / 토지등 소유자수)

| 재건축 예정 단지에서의 종전 용적률의 계산

아파트와 같은 공동주택의 세대별 등기부상 표제부에는 대지지분이 나와 있습니다.

예를 들어 대지지분이 '30,000분의 50'이라고 표기되어 있다면, 이 아파트 단지의 전체 대지면적은 30,000m²이고 소유하고 있는 아파트의 대지면적은 50m²이 됩니다.

이 대지지분을 해당 세대의 전용 면적[125]으로 나누면 용적률이 됩니다.

$$용적률(\%) = (아파트\ 전용\ 면적\ /\ 대지\ 지분) \times 100$$
$$= (85m^2 / 50m^2) \times 100$$
$$= 170(\%)$$

따라서 이 아파트 단지의 용적률은 170%가 됩니다.

> **용적률이 130~150%이하면 일반적으로 사업성이 좋은 단지라고 판단합니다.**

---

125) 전용면적 : 아파트 현관 안쪽의 실제 사용면적 (다용도실은 포함, 베란다는 제외)

5-3
정비구역별 사업성 비교

| 재개발의 사업성 비교

다음은 서울시 OO구에서 진행되고 있는 재개발 구역 3곳의 평균대지지분
과 용적률을 나타낸 것입니다.

구역	면적 (평)	조합원수	평균대지 지분(평)	용적률	신축 세대수	일반분양	일반분양 비율[126]
A구역	33,779	1,478	22.9	242%	2,451	605	40.9
B구역	72,287	2,679	27.0	230%	4,116	817	30.5
C구역	35,677	1,508	23.7	235%	2,387	505	33.5

B구역의 평균대지지분이 다른 구역보다 상대적으로 크지만 사업시행계획
인가에서 최종적으로 용적률이 230%로 결정되었으며, 오히려 조합원수 대
비 일반분양 비율이 상대적으로 낮게 나왔습니다. 실제 B구역은 경사도가 심
한 구릉지가 다른 구역에 비해서 많았습니다.

---

126) 일반분양비율 = 일반분양 세대수 / 조합원수

이는 구역내 용도지역의 분포와 지형적 특성 등에 따라 달라질 수 있다는 것을 나타냅니다. 따라서 실제 현장을 방문하여 이런 점들을 파악하는 것이 중요합니다.

| 재건축의 사업성 비교

다음과 같이 3곳의 정비 예정구역을 비교해 보겠습니다.

구역	구역내 평균용적률	용도지역	평균대지지분 (평)	목표 상향용적률
A구역	150%	3종 일반주거지역	15	280%
B구역	150%	3종 일반주거지역	20	280%
C구역	200%	3종 일반주거지역	20	280%

위의 3곳 모두 용적률이 280%로 상향된다고 가정할 경우, 먼저 A구역과 B구역을 비교하면 기존 용적률은 같지만 B구역이 세대당 평균대지지분이 크므로 정비사업을 통해 대형평수의 아파트를 지을 수 있거나 또는 일반 분양분을 많이 지을 수 있습니다.

그런데 B구역과 C구역을 비교하면 세대당 대지지분은 같지만 B구역이 같은 용도지역임에도 종전 용적률이 더 작으므로 향후 정비사업으로 통해 얻을 수 있는 개발 이익이 더 크다 할 수 있습니다.

따라서 **투자할 정비구역을 결정할 때에는 종전의 용적률과 평균대지지분이 어느 정도 인지 파악하는 것이 중요합니다.**

종전에 평균용적률이 낮아서 향후 그 증가분이 크거나, 종전에 평균대지지분이 크다면 일반 분양분이 많아질 수 있으므로, 기존 조합원의 조합원 분담금이 줄어들고 사업성이 좋아지게 됩니다.

| 실제 투자구역 선정 방법

실제 구역을 예로 들어 사업성을 비교해 보겠습니다. 다음은 지난 2021.12.에 서울시에서 발표한 1차 신속통합기획 재개발 후보지 선정구역입니다.[127]

연번	구역명	구역면적 (m²)	토지등 소유자수	평균대지 지분 (평)
1	종로, 창신동 23 / 숭인동 56	84,354	711	35.9
2	용산, 청파 2구역	83,788	1,505	16.8
3	성동, 마장동 382 일대	18,749	136	41.7
4	동대문, 청량리동 19 일대	27,981	339	25.0
5	중랑, 면목동 69-14 일대	58,540	657	27.0
6	성북, 하월곡동 70-1 일대	79,756	616	39.2
7	강북, 수유동 170 일대	12,124	139	26.4
8	도봉, 쌍문동 724 일대	10,619	135	23.8
9	노원, 상계5동 일대	192,670	1,972	29.6
10	은평, 불광동 600 일대	13,004	188	20.9
11	서대문, 홍은동 8-400 일대	71,860	557	39.0
12	마포, 공덕동 A	82,320	814	30.6
13	양천, 신월7동 1구역	115,699	2,112	16.6
14	강서, 방화2구역	34,906	344	30.7
15	구로, 가리봉2구역	37,672	359	31.7
16	금천, 시흥동 810 일대	38,859	330	35.6
17	영등포, 당산동6가	31,299	280	33.8
18	동작, 상도14구역	50,142	780	19.4
19	관악, 신림7구역	75,600	756	30.3
20	송파, 마천5구역	106,101	1,108	29.0
21	강동, 천호A1-2구역	30,154	247	36.9

위의 표에서 평균대지지분이 구역마다 큰 차이가 남을 알 수 있는데 앞에서 설명한 바와 같이 평균대지지분이 높으면 일차적으로 사업성이 좋은 곳이라 예측해 볼 수 있습니다.

---

127) 서울시 신속통합기획 민간재개발 1차 후보지 선정 결과 21.12.28.

예를 들어 '종로구 창신숭인구역(연번1)'과 '용산구 청파2구역(연번2)'는 구역면적은 비슷하나 토지 등 소유자수는 2배 가까운 차이가 납니다. 당연히 평균대지지분도 2배 이상의 차이가 납니다.[128] 단순히 대지지분만 놓고 보면 종로구 창신숭인지구가 우수해 보입니다.

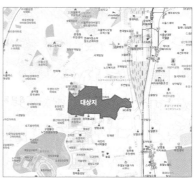

종로구, 창신동 23/ 숭인동 56 지역   용산구, 청파2 구역

| 정비구역에 대한 심층 분석

구체적으로 정비구역의 다양한 특성을 조사해 보겠습니다. 강동구에 있는 천호A1-2 구역(연번 21)을 예를 들어 살펴보겠습니다.

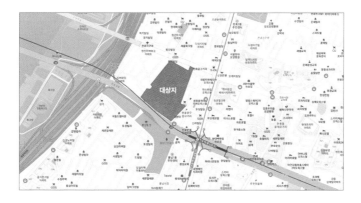

---

128)   기부채납이나 용적률 완화 등과 같은 개발에 따른 기타 요인은 배제하였습니다..

구분	내용
면적	30,154 m^2 (9,121.6 평)
토지 및 소유자수	247명
평균 대지지분	36.9평
용도지역	3종
특성	평지, 천호역 역세권

1차 신통기획으로 선정된 21개 구역 중에서 비교적 대지지분이 높은 구역이라 사업성이 높을 것으로 예상됩니다. 그런데 이것 만으로는 분석이 충분하지 않습니다. 추가로 용도지역 현황, 용적률별 현황과 건축물 용도별 현황 등을 알아보겠습니다.

아래 그림은 해당 구역의 **용도지역 현황**을 나타낸 것입니다.[129] 구역 내 대부분이 3종 일반주거지역으로 지정되어 있음을 알 수 있습니다. 참고로 3종 일반주거지역의 법정상한 용적률은 300%입니다.

---

129)   Proptech App.인 GisLaw에서 천호구역에 대한 용도지역 현황을 조사했습니다.

아래 그림은 **용적률별 현황**을 나타낸 것입니다.[130] 건축물의 용적률이 비교적 낮음을 알 수 있습니다. 법정용적률이 300%인 점을 감안하면 앞으로 용적률 완화의 혜택을 많이 볼 수 있을 것으로 판단됩니다.

다음은 **건축물 현황**을 나타낸 그림입니다.[131] 건축물이 주로 단독주택으로 분포되어 있음을 나타내고 있습니다. 부동산의 종류가 다양하지 않고 세대수도 적어서 소유자들의 응집력이 좋을 것이라고 판단됩니다. 물론 해당구역의 특성을 알아보려면 실제 임장을 통해 확인하는 것이 중요합니다.

---

130) 출처 : GisLaw Proptech App.
131) 출처 : GisLaw Proptech App.

| 지형(경사도)을 감안한 투자

일부 정비구역은 경사도가 심하거나 고도가 높은 구릉지에 위치해 있습니다. 특히 주요 산지에 있는 정비구역이 이에 해당합니다. 이 경우 고도제한 등의 규제가 있을 수 있습니다. 특히, 서울 한복판에 있는 남산 주변에는 고도제한지구로 관리되고 있습니다.

또한 구역 내 경사도가 심한 지역은 단지 입구에서부터 오르는 경사가 심해서 그 만큼 주거지로서의 가치가 떨어지는 요인이 됩니다. 물론 현지 임장을 통해서도 알아볼 수 있지만, 서울시가 제공하는 3D 지도를 활용하는 것도 좋은 방법입니다.[132]

아래 그림은 창신숭인 지역에서 창신동 끝자락인 A지점에서 숭인동 끝자락인 B지점 사이의 경사도 및 고도의 변화를 나타내는 단면도입니다. 구역의 지형적 특성을 예상해 볼 수 있습니다.

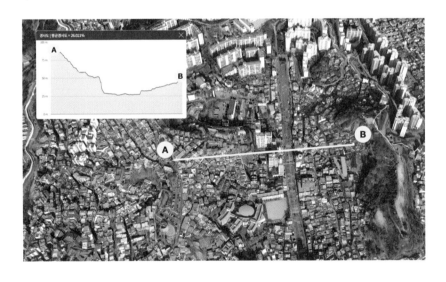

132) 출처 : 서울시 공간정보 3D 플랫폼 (https://smap.seoul.go.kr/)

| 재건축에서 사업성 좋은 구역 살펴보기

재건축 구역에서는 종전 아파트의 용적률과 세대당 평균대지지분을 살펴보는 것이 중요합니다.

또한 가급적이면 다양한 평형으로 구성된 단지보다 **단일 평형대로 구성된 단지가 사업진행이 수월합니다.** 평형차이에 따른 개발이익의 차이가 비교적 작기 때문에 주민간 갈등의 소지도 적다고 할 수 있습니다.

아래 그림은 아파트 단지별로 용적률과 평균대지지분을 나타내고 있습니다.[133] **종전 용적률은 낮고 평균대지지분이 큰 단지가 사업성이 좋다**고 말할 수 있습니다.

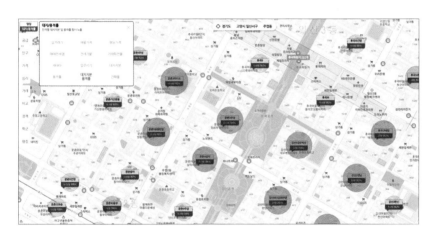

---

133)   출처 : Proptech App. www.asil.kr

5-4
정비사업 단계별 투자 포인트

정비사업은 실입주를 목표로 하는 장기투자와 사업단계별 특성을 감안한 단기투자로 접근할 수 있습니다.

어떤 경우든 투자 구역을 선정하고 투자할 물건을 고를 때에는 앞에서 설명한 다양한 요소들을 따져보고 합리적으로 투자 결정을 해야 합니다. 자칫 어느 한 가지 만을 기준으로 투자할 경우에는 정비사업의 특성상 투자자금이 묶일 수 있기 때문입니다.

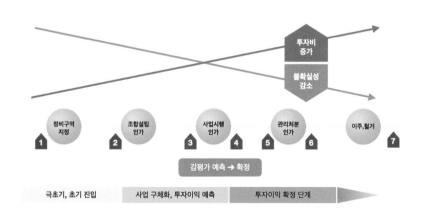

정비사업 초기에는 프리미엄이 많이 오르지 않으므로 비교적 적은 금액으로 접근할 수 있지만 그 만큼 다양한 리스크를 감수해야 합니다.

반면에 사업 중후반부로 가면 투자액이 많이 필요하지만 불확실성이 감소하고 투자할 물건의 감정평가금액(권리가액)이 획정단계에 이르므로 보다 확실한 투자를 할 수 있습니다. 각각 장단점이 있으므로 본인의 투자 여건에 맞춰 결정해야 합니다.

먼저 정비구역에서 가격을 결정짓는 요소를 분류해보면 다음과 같습니다

이를 다시 장기투자과 단기투자로 구분하여 우선적으로 판단해야 할 요소로 재분류하면 다음과 같습니다.

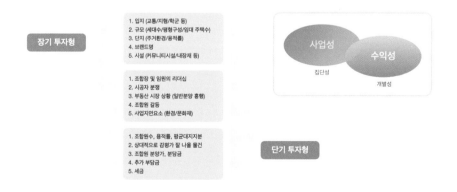

| 사업초기단계 (조합설립 전단계)

일반적으로 정비구역으로 지정되면 개발 기대감으로 구역 내 부동산 가격이 오릅니다. 따라서 구역지정 전에 진입하면 더 낮은 가격에 진입할 수 있지만, 그 만큼 다양한 갈등요인이나 위험요소를 감안해야 합니다. 심지어는 중간에 지구지정이 해제되는 경우도 있다는 점을 유의해야 합니다.

다음은 서울시 은평구 갈현1동 일대의 **재개발 지구지정에 따른 고시문**입니다. **용적률 완화와 건립 예정 세대수**도 함께 고시되므로 사업성도 유추해볼 수 있습니다.

정비구역 임장을 다녀보면 조합설립인가를 위해서 토지 등 소유자의 동의서 징구율이 70%가 넘었다고 안내를 받는 경우가 있습니다.

조합설립추진위를 설립하는 기준이 토지등 소유자의 50% 이상의 동의를 받으면 되므로[134] 추진위를 설립한 후 조합설립을 위한 동의서 징구율은 초기에는 60% 수준까지는 비교적 쉽게 달성하나 그 이후에 **75%를 달성하기까지 많은 시간이 걸릴 수도** 있습니다.

자칫 조합설립까지 많은 시간이 걸릴 수도 있고 간혹 조합설립이 무산되는 경우도 있습니다.

---

134)   도시정비법 제31조, 제35조

| 정비구역의 해제

조합설립 후에는 초기의 불안정성이 다소 줄어 들게 되어 비교적 안전한 투자라 여길 수 있습니다. 그러나 조합설립을 위한 동의율을 높이기 위해 무리하게 높은 비례율이나 과도하게 낮은 조합원 분담금을 제시한 것과는 다르게 실제 분담금이 높아지거나 기타 다른 조합 내부의 문제로 정비구역 지정이 해제되거나 가까스로 설립된 조합이 해산될 수도 있습니다.

만약 이런 일이 발생하면 구역내 **부동산 가격이 급락**하는 경우도 있으니 유의해야 합니다. 또한, 특정 요건에 의해 정비구역이 해제되는 경우도 있으므로 반드시 임장을 통해 문제 요인이 있는지 살펴봐야 합니다(일몰제). (Book+ 5-3 참조)

| 사업시행계획단계

조합이 설립된 후에는 사업시행계획을 준비하는 단계로 접어듭니다. 즉, 구역내 **각종 건축물(아파트, 기반시설, 상가 건물 등)에 대한 신축계획을 수립**하여 **건축심의를 준비**하는 단계입니다.

일반적으로 건축심의가 바로 완료되기는 어렵고 보통은 수 개월에 걸쳐 심의하게 됩니다. 건축심의가 끝나면 머지않아 사업시행계획 인가를 신청하므로 **건축심의를 기다리는 과정에서 투자하는 것도 좋은 방법**입니다.

다음 내용은 은평구에서 진행되는 3곳의 재개발 구역에서 각 사업 단계마다 건립 세대수가 어떻게 변경되었는지 정리한 것입니다.[135] 3곳 모두 정비구역지정 단계에서 계획했던 세대수가 사업시행 단계에서 변경되었습니다. 즉, **초기에 예상했던 사업성은 사업시행계획 단계에서 바뀐다**는 것을 알 수 있습니다.

---

135) C구역은 2022.9.기준으로 사업시행계획 인가고시까지 진행된 상태입니다.

따라서 정비사업 초기에 건립 세대수를 예상하여 사업성을 예측하는 것은 자칫 투자 수익 예측에 오류를 일으킬 수 있음을 알 수 있습니다.

A구역

구분	정비구역 지정	사업시행인가	관리처분계획
조합원 수	1,714	1,478	1,479
일반분양		493	494
임대	353	418	418
계	2,067	2,389	2,389

B구역

구분	정비구역 지정	사업시행인가	관리처분계획
조합원 수	3,934	2,679	2,679
일반분양		817	817
임대	671	620	620
계	4,605	4,116	4,116

C구역

구분	정비구역 지정	사업시행인가	관리처분계획
조합원 수	2,232	1,508	-
일반분양		505	-
임대	372	374	-
계	2,604	2,387	-

　다음 그림은 갈현1 재개발구역에 대한 사업시행계획인가 고시 내용입니다. 당초 정비구역지정 당시에 계획했던 건립세대수(4,605세대)가 건축심의 후에 사업시행계획 인가단계에서 4,116세대로 변경되었음을 알 수 있습니다.

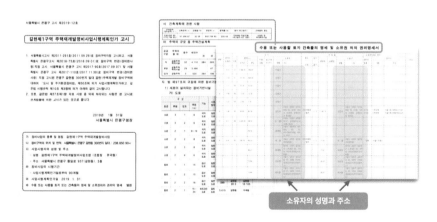

소유자의 성명과 주소

　또한 위 그림과 같이 사업시행계획 인가 고시문 후반부에는 해당 구역내 부동산 소유권 등의 권리명세서가 첨부되어 있어서 조합원들의 대략적인 분포를 유추할 수 있습니다. 정비구역내 거주자가 아닌 외부 투자자는 정비사업이 빨리 진행되기를 원하는 성향이 강하기 때문에 큰 문제가 아니고서는 사업진행에 적극적이니 참고할 만한 사항입니다.

| 사업시행계획 인가후

사업시행계획인가가 고시되면 건축 확정단계이므로 한 차례 가격상승이 일어납니다. 따라서 사업시행계획 인가 전후에 수익실현 매물이 나오기도 합니다.

사업시행계획인가 후에는 **종전자산에 대한 감정평가**를 진행하게 되는데 이 때 일부 조합원은 자신이 소유한 물건의 감정평가 금액에 확신이 없는 나머지 매도하는 경우도 있습니다.

따라서 **사업시행계획인가 직전과 감정평가 직전에 나오는 매물**에 대해 관심을 갖는 것도 좋습니다. 다만 감정평가 금액이 아직 확정되지 않았으므로 투자하려는 물건에 대한 감정평가 금액을 유추해 보는 노력이 필요합니다.

즉, 어느 정도 부동산 감정평가(특히 정비 사업에 대한 부동산 감정평가)에 대한 이해가 필요합니다.

결국 좋은 물건을 싸게 사는 것이 정비사업 투자의 핵심이기 때문입니다.

| 감정평가 완료 직후

사업시행계획의 인가후 120일내에 조합은 **감정평가 결과**를 각 조합원에게 통보하도록 되어 있습니다. 이 때 조합원 분양신청에 따른 **조합원 분담금**도 같이 안내됩니다.

즉 감정평가금액이 확정됨에 따라 조합원 분담금이 결정되고 그에 따른 총 **투자금액이 확정**되는 것입니다.[136] 그렇다고 100% 확정되는 것은 아닙니다. 최종 금액은 관리처분이 완결되어야 합니다.

---

136) 조합원 분양가 = 조합원 권리가액 + 조합원 분담금
   (조합원 권리가액 = 감정평가금액 x 비례율)

이때, 본인이 예상했던 것 보다 감정평가액이 낮거나 또는 예상보다 분담금이 커서 큰 부담을 느끼는 조합원의 실망 매물이 중개사 사무실에 나오는 경우가 있습니다. (감정평가금액 통보일 기준으로 2~3일 동안)

그러나 사전에 해당 구역에 대한 충분한 사업성 검토와 물건 분석이 되었다면 감정평가 직후 실망매물이 나와도 이런 물건을 매수해서 좋은 결과를 얻을 수 있습니다.

| 관리처분계획인가 단계

관리처분을 위한 계획수립이 마무리 되면, 인가신청 전에 조합원 총회를 실시하게 됩니다.

확정된 조합원 물량을 포함하여 해당 정비사업 진행에 따른 대부분의 모든 변수들이 확정됩니다. 즉, 공사비 등의 사업비용, 종전자산 평가액[137]과 종후 자간 평가액 등이 확정단계에 이르므로 이를 기준으로 관리처분인가를 신청하게 되는데 이 때 조합원 총회를 실시하게 됩니다.

관리처분단계에서는 **해당 사업 전체에 대한 금전적인 부분이 확정되므로 투자금액이 확정단계**에 이릅니다. 이때에는 신축 아파트에 대한 기대 시세를 감안한 투자라 할 수 있습니다.

---

137) 조합원별 분양권리와 분양규모, 분담금 내역 등을 결정하게 됩니다.

한편, **관리처분계획 인가일을 기준으로 기존의 조합원 지위는 조합원 입주권**으로 바뀝니다. 또한 철거 이후에는 해당 건물이 물리적 존재하지 않고 토지만 남기 때문에 취득세 부담이 줄어 듭니다.

| 이주철거 단계

관리처분계획 인가 후에는 조합원 대상으로 이주비 지급신청을 받게 됩니다. 따라서 **이주비를 레버리지로 활용하는 투자**도 생각할 수 있습니다. 조합에 따라서는 정규 이주비 외에도 추가 이주비 등의 대출을 일으켜서 조합원의 부담을 줄여주는 경우도 있습니다.

한편, 건물 철거후의 입주권을 소위 '**멸실 입주권**'이라 하는데 절세 측면에서 이에 대한 투자도 검토해 볼 필요가 있습니다. (7장 참조)

5-5
놓치지 말아야 할 점

지금까지 투자구역 선정을 위한 정량적 분석과 사업단계별 투자 판단요소를 살펴보았습니다. 이번에는 투자결정시 반드시 검토해야 할 정성적인 요소를 살펴보겠습니다. 다소 추상적이고 애매하여 쉽게 판단할 수 없지만 따져봐야 하는 내용입니다.

| 이해 당사자간의 갈등

재개발·재건축 사업은 다양한 조합원으로 구성된 조합이 이끌어갑니다. 그런데 해당 구역에는 다양한 형태의 부동산(종류, 크기, 금액 등)이 있기 때문에 조합원들의 이해관계가 서로 다를 수 밖에 없습니다. 주로 다음과 같은 요인들이 갈등의 원인이 됩니다.

(1) 보유 부동산의 유형에 따른 갈등
재개발 구역 내에는 다양한 형태의 부동산이 있기 때문에 각 유형별 구성 비율을 살펴보는 것이 좋습니다. 되도록이면 같은 유형의 부동산이 절대 다수를 이루는 것이 원만한 사업진행을 위해서 바람직합니다.

재건축 구역에서는 기존의 평형 구성의 편차가 작을수록 좋습니다. 기존 평형 구성의 차이가 크다면 재건축에 따른 개발이익의 차이가 커질 것이므로 그 유불리에 따라 조합원간 갈등요인이 될 수 있습니다.

특히 단지 내 저층 아파트와 중층 이상의 고층 아파트가 섞여 있다면 서로의 입장 차이에 대해 민감할 수 밖에 없습니다. 따라서 균일한 평형대로 이루어진 단지가 사업진행이 원만합니다. 또한 재건축은 단지 내 상가와의 갈등이 부담이 될 수도 있습니다.

노후 아파트 단지의 상가는 대부분 저층(3층 이하)이므로 용적률에 대한 이해 관계가 첨예하게 대립될 수도 있습니다. 반드시 상가와의 관계를 살펴볼 필요가 있습니다. (6장 3절 참조)

(2) 사업주체에 대한 갈등

정비구역 현장을 실제로 방문해보면 조합원들 사이의 분쟁으로 사업이 지체되는 경우가 있습니다. 소위 '비상대책위원회(비대위)'등을 결성하여 조합과의 다툼이나 소송 등이 진행되기도 합니다. 따라서 반드시 현장주민이나 SNS 등을 통하여 구역내 갈등여부와 그 원인을 파악해야 합니다.

이런 갈등을 줄이고 신속한 사업진행을 위해서 최근에는 정비사업 전문가인 LH나 SH[138]등과 함께 공동 또는 단독시행 방식으로 사업시행을 하기도 하고 부동산 신탁사를 통한 신탁방식으로 진행하는 구역도 있습니다.

또한 정비사업 초창기에 발생하는 주민간의 갈등을 줄이고 사업기간을 단축하기 위해 **'조합직접설립제도'**가 도입되었습니다.[139] 이 방식은 조합을 설립하는데 소요되는 기간 및 비용을 줄이는 것이 목적이지만, 추진위원회 설립단계에서 부터 주민들 사이의 갈등을 줄이는 효과도 있습니다.

---

138) LH(한국토지주택공사), SH(서울주택도시공사)
139) `신속통합기획 재건축 1호` 신향빌라 추진위 없이 조합설립 직행...사업 2년반 단축, (2022.7.10. 서울시 보도자료)

(3) 개발 방식에 따른 갈등

개발방식에 있어서도 의견차이가 생길 수도 있습니다. 전통적인 민간 중심의 재개발·재건축 사업 외에도 최근에는 다양한 종류의 개발방식이 제도화되었기 때문입니다. 공공에서 주도하는 정비사업은 주민들의 참여를 촉진하기 위해 용적률을 대폭 완화해 주는 등 다양한 인센티브를 제공하는데 그 유불리에 따라 갈등이 생기는 구역도 있습니다. [140]

(4) 조합원 분담금이나 부담금에 따른 갈등

조합원 분담금이 많을 것으로 예상되면 사업자체를 거부하는 경우도 있습니다. 해당 구역 공사가 끝난 후 신축 아파트에 대한 기대보다는 당장의 금전적인 부담을 받아들일 수 없기 때문입니다.

재건축의 경우에는 초과이익환수제(조합원 부담금)에 대한 부담으로 조합원간 의견 차이로 사업이 멈춰서기도 합니다.

(5) 조합장에 대한 갈등

흔한 일은 아니지만 조합장의 능력, 자질, 신뢰에 대한 다양한 문제가 생길 수 있습니다. 반드시 임장활동을 통해 이에 대한 확인이 필요합니다.

필자의 경우에는 반드시 조합장과 면담을 하며 조합장의 경력이나 소문 등을 확인한 후에 투자결정을 합니다. 이때 원주민들의 의견도 참고합니다.

---

140) 정비사업에 대한 이해 부족이나 잘못된 정보로 인해서 마찰이 생기기도 합니다.

| 사업여건의 문제

(1) 공사비 증액

경제상황의 급변으로 각종 원자재 가격이 상승하거나 해당 정비사업의 설계변경으로 공사비가 늘어나는 경우가 있습니다. 건축비의 상승으로 시공사와 조합간의 마찰이 생겨서 협의가 원만하게 안되면 공사가 중단되기도 합니다. 심한 경우에는 소송으로 진행되어 그에 따른 사업지체로 이자 등의 금융비용이 증가하는 부작용이 생길 수도 있습니다.

(2) 공공시설의 이전이나 보상문제

정비 구역 내에 규모가 큰 공공 시설로 인해 사업이 지체되거나 예상치 못한 추가 분담금이 폭탄이 되는 경우도 있습니다. 규모가 작다면 조합의 비용으로 시설변경(예를 들어 지중화 사업 등)을 통해 해결할 수도 있지만, 규모가 큰 시설이라면 걸림돌이 될 수 있습니다.

최근에도 모 정비 구역에서 비교적 넓은 부지의 종교시설에 대한 보상문제로 조합에게 큰 부담이 된 사례가 보도된 적이 있습니다. 따라서 정비 구역내에 다음 시설이 있는 경우 이에 대한 처리가 어떻게 진행되는지 살펴봐야 합니다.

- 큰 규모의 종교시설
- 변전소, 쓰레기 집하장 등의 공공시설
- 대지가 넓은 단독상가 건물
- 문화관광시설, 문화재, 유적지 등

| 임장의 중요성

임장의 중요성은 아무리 강조해도 지나치지 않습니다. 부지런히 손품을 팔고 귀동냥을 통해 여러 가지 정보를 얻는다 하더라도 반드시 실제 현장을 방문하여 앞에서 나열한 정비사업 자체의 문제 뿐 만아니라 구체적인 물건 하나하나의 특성을 살펴보는 것이 중요합니다.

(1) 원주민의 의견과 성향을 살펴봐야 합니다.

해당 구역에 투자자로 진입한 조합원은 기회비용이 중요하므로 사업 진행에 적극적입니다. 한편 원주민들은 다양한 개발 시도를 경험하였을 뿐 아니라 이웃 주민들의 의견을 잘 파악하고 있습니다.

원주민을 직접 만나는 것은 그리 어렵지 않습니다. 그 동네에 대한 다양한 이야기들과 사업의 진행상황, 조합관련 소식 또는 비상대책위의 소식 등을 접할 수 있습니다.

필자의 경우에는 해당 구역에서 오래 거주하신 분들을 반드시 만나봅니다. 중개사 사무실이나 조합 사무실에서 들을 수 없는 좋은 정보를 얻을 수 있습니다.

(2) 실무 정보를 많이 알고 있는 중개사님을 만나는 것이 중요합니다.

때로는 중개사님이 그 구역 물건을 보유하고 있거나 아예 조합의 임원을 맡는 경우도 있습니다. 단순히 중개 업무만 하는 경우보다 좀 더 실질적인 정보를 얻을 수 있습니다.

또한 특정 지역에서 정비사업이 진행하면 새롭게 중개사 사무실을 개업하는 중개사님이 생겨납니다. 이 중에는 정비사업의 특성을 잘 아는 전문적인 중개사님도 계시지만 그 반대의 경우도 있습니다.

그 지역에서 오랫동안 중개를 하신 분과 반대로 새롭게 개업하신 분이라도 전문적인 지식으로 중무장한 분이라면 만나보는 것을 추천 합니다.

(3) 구역 외 인근지역 중개사 사무실을 방문하는 것도 좋습니다.

정비구역 내 중개사 사무실을 방문하면 해당 구역의 긍정적인 면만 듣게 됩니다. 점검차원에서 인근지역의 중개사 사무실을 방문하는 것도 좋습니다. 관심 구역에 대한 문제점이나 소유자들의 성향, 분쟁 요인들을 발견할 수 있기 때문에 좀 더 안전한 투자를 할 수 있습니다.

(4) 비례율만 맹신하지 말고 물건의 가치를 스스로 평가할 수 있어야 합니다.

중개사님이 소개해 주는 물건의 값만 보지 말고, 감정평가 전이라면 예상 감정가와 프리미엄의 적정성을 따져봐야 합니다. 또한 중개사님이 알려주는 비례율을 맹신해서도 안 됩니다. 비례율은 사업의 각 진행 단계마다 다양한 이유로 바뀔 수 있습니다.

(5) 조합 사무실을 직접 방문해야 합니다.

조합설립전이라면 추진위사무실, 조합 설립 후라면 조합사무실을 방문하는 것이 필요합니다. 조합의 분위기만을 살펴보는 것이 아니라 조합장이나 사무장을 만나서 대화를 나눠보는 것 또한 중요합니다.

매수 예정자임을 밝히고 사업진행 상황 등을 문의하면서 조합장의 의견을 물어보는 것도 필요합니다.

조합장의 능력이나 현장 분위기를 완전히 파악하는 것은 불가능하지만 투자 결정을 하는데 큰 도움이 됩니다. 특히 단기투자를 하는 경우가 아니라 어느 정도 긴 시간을 두고 투자를 하거나 또는 실입주를 계획하는 경우에는 반드시 조합장을 만나볼 것을 추천합니다. 어차피 계속 볼 사람입니다.

| 부동산 시장 환경의 변화

정비사업도 결국엔 아파트를 새로 지어 분양하는 사업입니다. 분양 수익으로 공사비도 지급하고 조합 운영비, 현금청산과 매도청구 비용, 각종 금융비용 등도 충당해야 합니다. 따라서 분양이 잘 되어야 합니다.

혹시라도 시장 상황이 좋지 않아 미분양이 생기거나 일반 분양가를 낮출수 밖에 없는 상황이 되면 그 만큼 수익이 줄어들어 고스란히 조합원의 부담으로 돌아갑니다. 즉, 시장이 침체되어 분양에 문제가 생기면 정비사업 자체가 어려워 질 수 있고, 정비사업의 특성상 투자한 금액이 장기간 잠길 수도 있습니다.

따라서 조합원 수에 비해 일반 분양 물건의 비율이 높은 것이 항상 유리한 것은 아닙니다.

재개발·재건축 투자는 **미래의 신축 아파트에 대한 기대감을 반영하는 투자**입니다. 그러나 부동산 시장이 침체되면 그 실망감으로 정비구역내 프리미엄 거품이 빠지고 사업이 지체되며 거래 또한 급격이 위축됩니다. 더군다나 노후화된 주택이므로 매수세나 전월세 수요가 위축될 수 밖에 없습니다.

오히려 반대로 생각하면 좋은 투자처가 될 수도 있습니다. 어차피 주거환경이 노후화되고 기반시설이 열악한 지역은 시간이 흐르면 어떤 식으로든 정비사업이 재개될 수 밖에 없습니다. 그러니 평소에 앞으로 좋아질 지역에 대한 지속적인 관찰로 투자 시점을 조율하는 것도 현명한 투자라 할 수 있습니다.

시장 상황이 안 좋아졌다는 것은 그 만큼 새로운 투자환경이 다가오고 있다는 것을 의미합니다.

5-6
이주비의 활용

　관리처분계획이 인가되고 종전 주택이 멸실됨에따라 이주를 해야 하는데 이때 이주가 원활하게 되기 위해 조합에서는 이주비를 유상 또는 무상으로 대여를 하게 됩니다.

　이주비 또한 대출금이므로 최근의 대출환경에서 이주비 대출 절차가 까다로워지고 있습니다. 또한, 2022.12.11.부터는 시공사(건설사)의 보증이나 지원으로 이주비 등을 지원받을 수 없습니다.[141] 그러나 이주비는 구역내 거주자(소유자 또는 임차인)의 이전을 위해서는 반드시 필요하므로 합리적인 대응책이 마련될 것으로 예상합니다.

　또한, 관행적으로 이주비는 기본 이주비(무이자)와 추가 이주비(유이자)로 구분되며 이 외에도 별도로 이사비가 지급됩니다.

　다음에 설명하는 이주비 대출은 조합에 따라 다를 수 있으므로 반드시 해당 조합에 문의해야 합니다

　또한 조합원이 법인이나 임대사업자, 다주택자인 경우에는 이주비의 대출(지급)제한이 있는데, 경우에 따라서는 대출을 해주는 조합도 있으니 이에 관한 사항도 해당 조합에 문의를 하는 것이 좋습니다.

---

141) 도시정비법 제132조 제2항

| 기본 이주비의 산정과 대출요건

일반적으로 이주비는 개별 조합원의 감정평가액을 기준으로 40~60% 정도로 대출을 해줍니다. 이주비는 조합원의 원활한 이주를 위해 조합이 은행의 특별대출을 통해 조달해 주는 것이므로 대출절차와 사후 관리가 까다로운 편입니다.

> **기본 이주비의 지급 절차**
> 통상 이주비의 30%를 정해진 일자 전에 지급하고 공실(공가)이 확인되면 나머지 70%를 지급하게 됩니다. (조합에서 발급한 공가 확인서를 해당은행에 제출해야 합니다.)

| 기본 이주비 대출 가능판단

특히 이주비 대출도 일종의 부동산 담보대출이므로 조정지역 등의 규제지역에서 이주비 대출을 받은 후 해당 주택으로 입주하지 않고 매도시에는 향후 3년간 주택대출이 금지됩니다. 또한 대출약정 위반에 해당하므로 기한의 이익이 상실되어 즉시 상환해야 합니다.

(1) 현재 1주택자(해당 구역내 물건만 보유)

　　소유권 보존 등기후 6개월 이내 전입 가능

(2) 현재 2주택자(해당 구역내 1채 + 다른 지역 1채 보유)

　　소유권 보전 등기후 6개월 이내 전입 및 다른 주택 6개월 이내 처분

　　<small>(대체주택 여부 불문하고, 소유권 보전 등기 후 전입 및 6개월 이내 처분조건)</small>

(3) 현재 3주택자 (해당 구역내 1채 + 다른 지역 2채 이상)

　　이주비 대출 불가

한편, 상가를 보유한 조합원이 주택을 분양받을 경우에는 주택 조합원과 동일한 규제를 적용받습니다.

┃ 임차보증금 반환을 위한 유상대여금 대출

기본 이주비 대출을 받을 수 없어서 임차인에게 임차보증금을 반환할 수 없는 경우나 기본 이주비 대출을 받고도 반환할 임차 보증금이 더 큰 경우에는 종전 감정평가 금액의 일정 범위 내에서[142] 유상으로 대출을 해줍니다. 단, 임차보증금 상환목적 이외에는 지급이 불가하므로 조합이 임차인에게 직접 지급합니다.

┃ 이사비

분양신청한 조합원에 대하여 지급하는 이사비로 보통은 100~300만원 안팎으로 지급합니다.[143] 단, 이주기한내 이주완료 및 공가확인(열쇠반납) 완료한 조합원에 해당합니다.

---

142) 보통은 80% 까지 대출 해주는데 조합마다 다릅니다.
143) 원칙적으로 현재의 점유자에게 지급하여야 하나 대부분이 조합원에게 지급합니다.
　　 또한, 1천만원 이상으로 지급하는 경우도 있으며 조합에 따라 다릅니다.

5-7
거래시 유의사항

　정비구역 부동산을 매수할 경우에는 거래상의 분쟁이나 투자 실수를 방지하기 위해서 주의해야 할 몇 가지 사항이 있습니다. 조합원 입주권의 전매제한과 정비구역내 다물건을 소유한 매도자(이하 '**다물권자**'라고 함)로부터 매수하는 경우에는 거래 안전을 위해서 꼼꼼한 확인이 필요합니다.

　조합이 설립되기 전에는 별 문제가 없지만 조합이 설립된 후에는 특히 조심해야 합니다.

┃ 투기과열지구내 조합원 지위양도 금지

　매수하려는 물건 소재지가 투기과열지역에 있다면 재개발의 경우에는 '관리처분계획인가 후부터 소유권이전등기시까지', 재건축의 경우에는 '조합설립인가 후부터 소유권이전등기시까지' 조합원의 지위가 양도되지 않아 현금청산 대상이 됩니다.

　그러나 재개발의 경우에는 2018.1.24. 이전에 최초로 사업시행인가를 신청하였거나, 재건축의 경우에는 2003.12.30. 이전에 조합설립인가를 받은 경우에는 조합원의 지위가 양도됩니다. (Book+ 2-1 참조)

또한 다음의 경우에도 예외적으로 조합원 지위가 양도됩니다.

> 1. 세대원의 근무상 또는 생업상의 사정이나 질병치료, 취학, 결혼으로 세대원이
>   모두 해당 사업구역에 위치하지 아니한 특별시 등으로 이전하는 경우
> 2. 상속으로 취득한 주택으로 세대원 모두 이전하는 경우
> 3. 세대원 모두 해외로 이주하거나 2년 이상 해외에 체류하려는 경우
> 4. 1세대 1주택자가 소유기간 10년, 거주기간 5년 이상의 주택을 매도하는 경우
> (기타 자세한 사항은 Book+ 2-1 참조)

| 다물권자로부터 매수할 경우

구역내 다물권자로부터 매수할 경우에는 조합설립 전까지는 그 부동산 중에 하나를 매수하는 경우에는 조합원 입주권이 정상적으로 나오지만 조합설립 이후에는 특히 주의하여야 합니다. 도시정비법에서는 그 소유자가 1인일 경우와 1세대일 경우로 구분하고 있습니다.

1인이 정비구역내 다수의 부동산(주택A와 주택B)을 소유하고 있다가 조합이 설립된 후에 그 물건 중에 하나(주택B)를 타인에게 매도하는 경우에는 하나의 입주권을 2인이 공유하게 됩니다. [144]

1세대가 정비구역내 다수의 부동산을 소유하는 경우에는 세대별로 1개의 입주권을 받을 수 있습니다.[145] 이 때 세대별 주민등록표상에 등재되어 있지 아니한 배우자 및 미혼인 19세 미만의 직계비속도 1세대로 간주합니다.

이 경우에 조합설립인가 후 세대를 분리하여 동일한 세대에 속하지 아니하는 때에도 이혼 및 19세이상 자녀의 분가(세대별 주민등록을 달리하고, 실거주지를 분가한 경우로 한정)를 제외하고는 1세대로 봅니다.

---

144) 도시정비법 제39조 제1항 제3호
145) 도시정비법 제39조 제1항 제2호

이를 나누어 상세히 살펴보면

- 1세대가 다수의 부동산을 소유하고 있는 경우 조합이 설립된 후에 매수자가 그 중 하나를 매수하는 경우에는 조합원 입주권을 받지 못합니다.

- 부부가 각각 1개씩 부동산을 갖고 있다가 조합설립후 이혼시에는 각자 단독으로 조합원 자격이 되므로 그 중 1인으로부터 매수하는 경우에는 조합원 입주권을 받을 수 있습니다.

- 19세 이상 자녀가 갖고 있던 부동산의 경우에도 조합설립후 분가하는 경우에는 조합원 입주권을 받을 수 있습니다.

구역내 다물건 소유자의 부동산을 매수하는 경우 조합원 지위양도에 관한 규정을 정확하게 따져봐야 하므로 전문가와 상담후 결정하거나 또는 특별한 경우가 아니라면 매수를 피하는 것이 좋습니다.

│ 조합원 분양신청한 물건인지 확인해야

사업시행인가후에는 조합원 분양신청을 하게 되는데 간혹 실무상의 착오나 조합원의 부주의로 이를 간과하는 경우가 생깁니다. 따라서 반드시 거래하고자 하는 부동산이 조합원으로서 분양신청한 물건인지 확인해야 합니다.

BOOK +

5-1 : 용도지역과 건폐율 및 용적률

용도지역별 구분기준과 그에 해당하는 용적률을 살펴보면 다음과 같습니다.[146]

1. 주거지역

가. 전용주거지역 : 양호한 주거환경을 보호하기 위하여 필요한 지역

(1) 제1종 전용주거지역 : 단독주택 중심의 양호한 주거환경을 보호하기 위하여 필요한 지역

(2) 제2종 전용주거지역 : 공동주택 중심의 양호한 주거환경을 보호하기 위하여 필요한 지역

나. 일반주거지역 : 편리한 주거환경을 조성하기 위하여 필요한 지역

(1) 제1종 일반주거지역 : 저층주택을 중심으로 편리한 주거환경을 조성하기 위하여 필요한 지역

(2) 제2종 일반주거지역 : 중층주택을 중심으로 편리한 주거환경을 조성하기 위하여 필요한 지역

(3) 제3종 일반주거지역 : 중고층주택을 중심으로 편리한 주거환경을 조성하기 위하여 필요한 지역

다. 준주거지역 : 주거기능을 위주로 이를 지원하는 일부 상업기능 및 업무기능을 보완하기 위하여 필요한 지역

2. 상업지역

가. 중심상업지역 : 도심ㆍ부도심의 상업기능 및 업무기능의 확충을 위하여 필요한 지역

---

146) 국토의 계획 및 이용에 관한 법률 시행령

BOOK +

　　나. 일반상업지역 : 일반적인 상업기능 및 업무기능을 담당하게 하기 위하여
　　　　　　　　　　　필요한 지역
　　다. 근린상업지역 : 근린지역에서의 일용품 및 서비스의 공급을 위하여
　　　　　　　　　　　필요한 지역
　　라. 유통상업지역 : 도시내 및 지역간 유통기능의 증진을 위하여 필요한 지역

3. 공업지역

　　가. 전용공업지역 : 주로 중화학공업, 공해성 공업 등을 수용하기 위하여
　　　　　　　　　　　필요한 지역
　　나. 일반공업지역 : 환경을 저해하지 아니하는 공업의 배치를 위하여 필요한
　　　　　　　　　　　지역
　　다. 준공업지역 : 경공업 그 밖의 공업을 수용하되, 주거기능 · 상업기능 및 업무
　　　　　　　　　　기능의 보완이 필요한 지역

4. 녹지지역

　　가. 보전녹지지역 : 도시의 자연환경 · 경관 · 산림 및 녹지공간을 보전할 필요가
　　　　　　　　　　　있는 지역
　　나. 생산녹지지역 : 주로 농업적 생산을 위하여 개발을 유보할 필요가 있는 지역
　　다. 자연녹지지역 : 도시의 녹지공간의 확보, 도시확산의 방지, 장래 도시용지의
　　　　　　　　　　　공급 등을 위하여 보전할 필요가 있는 지역으로서 불가피한
　　　　　　　　　　　경우에 한하여 제한적인 개발이 허용되는 지역

용도지역			건폐율	용적률
도시지역	주거지역	제1종 전용주거	50% 이하	50% 이상 ~ 100% 이하
		제2종 전용주거	50% 이하	50% 이상 ~ 150% 이하
		제1종 일반주거	60% 이하	100% 이상 ~ 200% 이하
		제2종 일반주거	60% 이하	100% 이상 ~ 250% 이하
		제3종 일반주거	50% 이하	100% 이상 ~ 300% 이하
		준주거	70% 이하	200% 이상 ~ 500% 이하
	상업지역	중심상업	90% 이하	200% 이상 ~ 1,500% 이하
		일반상업	80% 이하	200% 이상 ~ 1,300% 이하
		근린상업	70% 이하	200% 이상 ~ 900% 이하
		유통상업	80% 이하	200% 이상 ~ 1,100% 이하
	공업지역	전용공업	70% 이하	150% 이상 ~ 300% 이하
		일반공업	70% 이하	150% 이상 ~ 350% 이하
		준공업지역	70% 이하	150% 이상 ~ 400% 이하
	녹지지역	보전녹지	20% 이하	50% 이상 ~ 80% 이하
		생산녹지	20% 이하	50% 이상 ~ 100% 이하
		자연녹지	20% 이하	50% 이상 ~ 100% 이하
관리지역		보전관리	20% 이하	50% 이상 ~ 80% 이하
		생산관리	20% 이하	50% 이상 ~ 80% 이하
		계획관리	40% 이하	50% 이상 ~ 100% 이하
농림지역			20% 이하	50% 이상 ~ 80% 이하
자연환경보호지역			20% 이하	50% 이상 ~ 80% 이하

BOOK +

5-2 : 서울시 건폐율과 용적률

서울시 도시계획 조례 시행규칙에는 다음과 같이 용적률을 구분하고 있습니다.[147]

1. 기준용적률

지구단위계획구역에서 전면도로의 폭, 경관, 그 밖의 기반시설 등 입지적 여건을 고려하여 필지별로 정하는 용적률을 말합니다.

2. 허용용적률

지구단위계획을 통하여 정해지는 용적률로서 인센티브로 제공되는 용적률(획지계획, 상한용적률을 적용받지 않는 공동개발, 건축물용도, 대지 안의 공지, 친환경 계획요소, 주차 및 차량동선 등 해당 지구단위계획에서 정한 사항을 이행하는 경우 제공되는 용적률)과 기준용적률을 합산한 용적률의 범위 안에서 별도로 정한 용적률을 말합니다.

3. 상한용적률

건축주가 토지를 공공시설등의 부지로 기부채납하거나 공공시설 등을 설치하여 제공하는 경우 또는 공공시설등 확보를 위하여 공동개발을 지정하거나 지구단위계획 결정을 통하여 추가로 부여되는 용적률을 기준용적률 또는 허용용적률과 합산한 용적률의 범위 안에서 별도로 정한 용적률을 말합니다.

---

147) 서울특별시 도시계획 조례 시행규칙 제2조

서울시 도시계획 조례에 의한 건폐율과 용적률은 다음과 같습니다.[148]

용도지역			건폐율	용적률
도시지역	주거지역	제1종 전용주거	50% 이하	50% 이상 ~ 100% 이하
		제2종 전용주거	50% 이하	50% 이상 ~ 150% 이하
		제1종 일반주거	60% 이하	100% 이상 ~ 200% 이하
		제2종 일반주거	60% 이하	100% 이상 ~ 250% 이하
		제3종 일반주거	50% 이하	100% 이상 ~ 300% 이하
		준주거	70% 이하	200% 이상 ~ 500% 이하
	상업지역	중심상업	90% 이하	200% 이상 ~ 1,500% 이하
		일반상업	80% 이하	200% 이상 ~ 1,300% 이하
		근린상업	70% 이하	200% 이상 ~ 900% 이하
		유통상업	80% 이하	200% 이상 ~ 1,100% 이하
	공업지역	전용공업	70% 이하	150% 이상 ~ 300% 이하
		일반공업	70% 이하	150% 이상 ~ 350% 이하
		준공업지역	70% 이하	150% 이상 ~ 400% 이하
	녹지지역	보전녹지	20% 이하	50% 이상 ~ 80% 이하
		생산녹지	20% 이하	50% 이상 ~ 100% 이하
		자연녹지	20% 이하	50% 이상 ~ 100% 이하
관리지역		보전관리	20% 이하	50% 이상 ~ 80% 이하
		생산관리	20% 이하	50% 이상 ~ 80% 이하
		계획관리	40% 이하	50% 이상 ~ 100% 이하
농림지역			20% 이하	50% 이상 ~ 80% 이하
자연환경보호지역			20% 이하	50% 이상 ~ 80% 이하

148) 서울특별시 도시계획조려 제54조, 제55조

BOOK +

5-3 : 정비구역의 해제

정비구역으로 지정된 후에 여러 가지 사정으로 사업이 중단되거나 지연되는 경우가 있습니다. 일정기간동안 사업에 진척이 없는 구역에 대해 시도지사가 직권으로 정비구역을 해제할 수 있는데 이를 '**정비구역 일몰제**'라 합니다.

사업이 진행되지 못한 상태에서 오랜 시간 동안 정비구역으로 묶어두어 개발행위 등의 제한으로 사적재산권에 대한 과도한 제약이 따르고 이로 인한 매몰비용 부담이 커지기 때문입니다.

정비구역의 해제 조건 [149]

[1] 정비예정구역에 대하여 기본계획에서 정한 정비구역 지정 예정일부터 3년이 되는 날까지 정비구역을 지정하지 아니하거나 정비구역의 지정을 신청하지 아니하는 경우

[2] 정비구역으로 지정·고시된 날부터 2년이 되는 날까지 토지등 소유자가 조합설립추진위원회의 승인을 신청하지 아니하는 경우

[3] 추진위원회를 구성하지 않은 경우, 정비구역으로 지정·고시된 날부터 3년이 되는 날까지 토지등 소유자가 조합설립인가를 신청하지 아니하는 경우

[4] 추진위원회를 구성한 경우, 추진위원회 승인일 부터 2년이 되는 날까지 조합설립인가를 신청하지 아니하는 경우

[5] 조합이 조합설립인가를 받은 날부터 3년이 되는 날까지 사업시행계획인가를 신청하지 아니하는 경우

[6] 토지등 소유자가 직접 시행하는 재개발사업으로서 토지등 소유자가 정비구역으로 지정·고시된 날부터 5년이 되는 날까지 사업시행계획인가를 신청하지 아니하는 경우

---

149) 도시정비법 제20조

정비구역 해제의 연장

정비구역 해제 요건에 해당하더라도 다음의 경우에는 해제를 2년 연장할 수 있습니다.

(1) 토지등 소유자(조합을 설립한 경우에는 조합원을 말한다)가 30%이상의 동의로 해제 기간이 도래하기 전까지 연장을 요청하는 경우

(2) 정비사업의 추진 상황으로 보아 주거환경의 계획적 정비 등을 위하여 정비구역 등의 존치가 필요하다고 인정하는 경우

정비구역 등의 직권해제

정비구역의 지정권자는 다음 각 호의 어느 하나에 해당하는 경우 지방도시계획위원회의 심의를 거쳐 정비구역등을 해제할 수 있습니다.[150]

(1) 정비사업의 시행으로 토지등 소유자에게 과도한 부담이 발생할 것으로 예상되는 경우

(2) 정비구역등의 추진 상황으로 보아 지정 목적을 달성할 수 없다고 인정되는 경우

(3) 토지등 소유자의 30% 이상이 정비구역등(추진위원회가 구성되지 않은 경우로 한정)의 해제를 요청하는 경우

(4) 사업시행계획 인가를 신청하지 않은 경우, 추진위원회 구성 또는 조합 설립에 동의한 토지등소유자의 2분의 1 이상 3분의 2 이하의 범위에서 시·도조례로 정하는 비율 이상의 동의로 정비구역의 해제를 요청하는 경우

(5) 사업시행계획인가를 신청하지 않은 경우, 추진위원회가 구성되거나 조합이 설립된 정비구역에서 토지등 소유자 과반수의 동의로 정비구역의 해제를 요청하는 경우

---

150) 도시정비법 제21조

BOOK +

정비구역 해제의 효력

　정비구역이 해제되면 지정전 상태로 돌아가지만, 정비구역 지정권자는 필요시 도로 및 공원 등의 정비기반시설의 환원 범위를 제한할 수 있습니다.

　정비사업으로 인해 개선된 일부 기반시설을 일부러 원상태로 되돌리는 것은 불필요한 자원의 낭비이기 때문입니다.

　또한 정비사업 지정권자는 해당구역을 **주거환경개선구역으로 지정**하여 낙후된 시설 등이 지속적으로 개선될 수 있도록 할 수 있습니다.

5-4 : 안전한 매매계약을 위한 특약

매매거래가 안전하게 이루어져서 조합원 입주권이 보장되어야 하므로 거래 안전을 위해서 매매계약서에 다음과 같은 특약을 기입하는 것이 좋습니다. 거래상황에 맞추어 수정하시면 됩니다.

(1) 재개발 구역내 다물건 소유자의 매도물건이 아님을 확인

본 매매계약은 0000 재개발구역내의 물건이며, 조합원 입주권 자격을 갖춘 물건의 매매계약으로 조합원 지위양도에 하자가 발생할 경우 무효로 한다. 매도인 (배우자 및 주민등록상 가족관계로 등재된 자 포함)은 본 물건 외에 해당 0000 재개발구역내 다른 조합원 자격과 관련된 부동산이 없음을 확인하며, 허위 고지에 관한 모든 책임은 매도인이 진다.

(2) 투기과열지구내 5년 재당첨금지에 대한 확인

매도인은 '도시 및 주거환경정비법'에 규정된 '5년 재당첨금지'로 분양 신청 제한 대상이 아님을 확인하며 자격박탈로 인한 책임은 귀책 대상자에 있다.

(3) 조합원 분양신청 평형에 대한 확인

조합원 분양신청에 따라 평형배정 신청에 관한 권한은 매수인에게 있다. 또한 조합에서 감정평가와 관련된 사항이나 조합원 분담금(부담금 등 일체의 사항)에 대한 고지가 있을 경우 즉각 매수인에게 통보하여야 한다.

(4) 지급된 이주비를 명확하게 특정

매도인은 이주비(일금 00000원)를 신청 및 수령한 상태로서 이를 잔금에서 공제한다. 만약 현 세입자의 이주비(이사비 포함)를 매도자가 수령하는 경우 현 세입자에 대한 보증금은 매도인이 정산토록 한다.

BOOK +

(5) 무허가건물(뚜껑)에 대한 특정

본 매매물건은 입주권이 나오는 무허가건물로서 해당 관청 무허가건물대장(건물대장번호 표시)에 기록되어 있음을 확인한다.

(6) 조합원 입주권의 매매

매도인은 매수인의 조합원 자격 및 분양자격 확보에 협조해야 하며 조합원 입주권의 명의변경에 필요한 일체의 서류를 매수인에게 제공해야 한다.

6 정비사업 틈새투자

BOOK ✚

6-1
틈새투자 전략

재개발이나 재건축 투자시 다주택자의 경우에는 주택을 추가로 매수하는 것이 부담스러울 수 있습니다.

이때 투자의 대안으로 상가, 도로(나대지), 무허가건축물과 멸실입주권에 대한 투자도 훌륭한 대안이 될 수 있습니다. 그 자체로는 취득세와 보유세 측면에서 주택보다 부담이 적기 때문입니다.

다만, 그 자체가 보편적인 주택이 아니므로 각 유형에 따른 투자 위험요소가 있을 수 있으므로 주의해야 합니다.

재개발에 있어서는 건물이나 도로(나대지)만 보유하고 있어도 일정 요건을 갖추면 조합원 자격이 주어지므로 투자대안이 될 수 있으며, 재건축에 있어서는 토지와 건물을 보유해야 조합원 자격이 주어지므로 단지내 상가는 좋은 투자대안이 될 수 있습니다.

이 장에서는 상가, 도로(나대지), 무허가건축물, 단지내 상가 등에 대하여 살펴보겠으며 멸실입주권은 다음 장(7장)에서 살펴보겠습니다.

6-2
재개발 상가

다주택자에 대한 세금과 대출 규제에 따라 정비 구역내 상가투자에 관심이 많아졌습니다. 보유세와 양도세의 부담은 적으면서 일정 요건을 충족할 경우 아파트 분양신청이 가능하기 때문입니다. 그러나 상가는 주거용 건물에 비해 변동성이 크기 때문에 보다 세심한 주의가 필요합니다.

상가 투자의 장점을 살펴보면 다음과 같습니다.
　① 주택 수에 포함되지 않습니다,
　② 취등록세 및 양도세 중과대상이 아니며, 종부세 대상도 아닙니다.[151]
　③ 입지와 상권에 따라 다르지만 임대수입을 올릴 수 있습니다.
　④ 자금조달 계획서가 필요 없고, 대출이 가능합니다.
　⑤ 일정 조건을 만족하는 경우 아파트 입주권도 받을 수 있습니다.
　⑥ 아파트에 비해 투자금이 적을 수 있습니다.

경우에 따라서는, 정비구역의 인근 상가에 투자하는 것도 좋습니다. 정비사업에 따라 새로운 상권이 형성될 수 있기 때문입니다.

---

151)　토지의 공시가격이 80억이 넘어야 종부세 대상이 됩니다.

상가 투자의 단점을 살펴보면 다음과 같습니다.

① 취득세율이 4.6%로 높은 편입니다.

그러나 이는 상대적인 기준이라 기존 무주택자인 경우에는 상가
취득세가 오히려 부담이 되겠지만 조정지역내 다 주택자의 경우에는
주택 취득세율이 8~12%에 달하므로 상가 취득세율이 오히려
낮습니다.

② 감정가(권리가액)가 낮으면, 아파트가 아닌 상가나 오피스텔을 분양
받거나 현금 청산될 수 있습니다.

③ 주변 환경이 열악하면, 정비사업 기간 동안 공실가능성이 높습니다.

④ 기존에 형성된 상권에 따라, 재개발이 무산되거나 지체될 수 있습니다.

⑤ RTI(임대업 이자상환비율)에 걸려 대출이 제한될 수 있습니다.

| 아파트를 분양 받을 수 있는 조건

제개발 구역내 상가 소유자가 아파트 분양을 받을 수 있는 조건은 다음과
같습니다.

① **상가 대지지분이 90m² 이상이거나**
또는 권리가액이 분양 최소평형의 조합원 아파트 분양가보다 높을 경우
만약, 권리가액이 적다면 상가나 오피스텔로 분양받게 됨.

② **상가 대지지분이 30m² 이상 ~ 90m² 미만일 경우**
이 조건은 2003년 12월 30일 이전에 분할된 상가일 때 적용되며,
지목과 현황이 모두 '도로'여서는 안 됨.
또한, 구역지정일부터 조합원 분양 신청시까지 전 세대원이 무주택자
조건을 유지해야 함.

│ 상가를 분양·배정 받는 조건

재개발 구역내 상가소유자가 상가를 분양·배정기준은 다음과 같습니다.[152]

배정순위	소유자의 사업자등록 여부	상가 권리가액[153]
1	소유자가 사업자등록을 하고 영업하는 경우	기존 상가의 권리가액이 분양받을 상가의 최소 분양단위 분양가액 이상인 경우
2	그렇지 않은 경우	기존 상가의 권리가액이 분양받을 상가의 최소 분양단위 분양가액 이상인 경우
3	소유자가 사업자등록을 하고 영업하는 경우	미달되는 경우 (아파트를 분양받지 않았을 것)
4	그렇지 않은 경우	미달되는 경우 (아파트를 분양받지 않았을 것)
5	아파트를 분양받지 않고, 종전 상가의 권리가액이 분양받을 상가의 최소 분양단위 분양가액 이상인 경우	
6	아파트를 분양받았으나, 종전 상가의 권리가액이 분양받을 상가의 최소 분양단위 분양가액 이상인 경우	
7	조합 결정에 의해 일반분양 전에 기존 조합원들에게 상가 분양 신청권을 주는 경우 (법 규정에는 없는 사항)	

위의 표에 나타나있듯이 소유자가 직접 사업을 하거나 권리가액이 높으면 배정순위가 높습니다. 상권이 좋은 지역의 경우, 대부분 1~2순위에서 마감되는 것이 현실입니다.

│ 재개발 상가의 감정평가 방법

구분상가라면 거래사례비교법으로 감정평가를 하고 단독 상가면 토지와 건물을 구분하여 각각 감정평가를 하게 됩니다. 즉 건물은 원가법으로 토지는 거래사례비교법으로 구분하여 감정평가를 한 후 합산하게 됩니다.

---

152) 서울특별시 도시 및 주거환경정비 조례 제38조 제2항
153) 여기서 말하는 상가권리가액은 '상가임대차보호법'상의 권리금과는 다릅니다.

┃ 재개발 상가 투자전략

일반적으로 상가가 많으면서도 어느 정도 상권이 활성화 된 곳이라면 정비사업이 진행되는데 오히려 많은 시간이 소요됩니다. 상가가 멸실되면 그만큼 영업손실이 발생하므로 상가 소유자들이 정비사업 진행에 소극적이기 때문입니다. (예를 들어, 재래시장)

그런데 상권이 위축되고 공실이 많은 경우에는 상가 그 자체로서는 임대수익이 별로 없기 때문에 재개발에 적극적일 수 밖에 없습니다. 게다가 주변에 신축 아파트가 많을 경우 상가 소유자들은 상가 재개발의 필요성을 강하게 느낍니다.

도심 역세권, 준공업지역 및 준주거지역에서의 재개발 구역내 상가에 관심을 갖는 것도 좋습니다. 특히, 용적률과 주거비율을 대폭 올려주는 **도시정비형 재개발**이 진행되는 곳을 추천합니다.

서울시가 운영하는 '정비몽땅' 웹사이트에서 사업장을 조회하면 '도시정비형' 재개발 구역을 찾을 수 있습니다.

| 재개발 상가 투자시 고려사항

상가도 감정평가를 통해 권리가액이 정해지는데 일반적으로 위치에 따라 큰 차이가 납니다. 자칫 현금청산이 될 수 있기 때문에 해당 정비구역을 꼼꼼하게 점검하여야 합니다.

즉, 구역내 상가 개수, 위치, 규모, 거래 금액등을 살펴보고 결정해야 합니다, 또한 상가는 상가 입주권을 받는 것이 원칙이므로 **조합 정관에 아파트 입주권이 나오는지 확인**해야 합니다.

- 주택과 상가의 분포 (주택수 및 상가개수 등)
- 상가의 위치와 규모, 거래가액
- 상가의 영업 현황(공실여부 등), 월세 수준
- 정비구역 해제나 사업지연 등에 대한 리스크
- 실제 거래가와 프리미엄의 과다 여부
- 건축물대장상의 면적, 무허가 건축물 여부

6-3
재건축 상가

몇 년 전부터 다주택자의 투자대안으로 재건축 단지의 상가투자에 대한 관심이 커져가고 있습니다. 그러나, 재건축 상가를 섣불리 투자했다가 생각지 못한 손해를 볼 수 있기 때문에 오히려 주택보다 신중하게 접근할 필요가 있습니다. 즉, 재건축 상먼저 재건축 구역에서 조합의 설립요건을 정확하게 이해하여야 합니다.

| 재건축 구역의 조합 설립요건

현행 도시정비법에서는 재건축 조합 설립을 위해 해당 구역내의 상가 소유자들의 조합설립 동의서도 받기로 되어 있습니다.[154]

> 재건축사업의 조합을 설립하려는 때에는 주택단지의 공동주택의 각 동**(복리시설의 경우에는 주택단지의 복리시설 전체를 하나의 동으로 본다)**별 구분소유자의 과반수 동의(공동주택의 각 동별 구분소유자가 5 이하인 경우는 제외한다)와 주택단지의 전체 구분소유자의 4분의 3 이상 및 토지면적의 4분의 3 이상의 토지소유자의 동의를 받아야 한다.

---

154) 도시정비법 제35조 제3항

아파트는 각 동별로 과반수 동의가 필요하지만 상가의 경우에는 상가 등 복리시설이 2개 이상의 동으로 나누어져 있을 때에는 전체를 1개의 동으로 계산해서 구분 소유자 수의 과반수 동의가 있어야 합니다.

노후화된 아파트 단지에서는 상가가 저층으로 건축되어 있어서 상가가 **용적률 측면에서 유리**한 측면이 있습니다. 즉 상가 소유자들은 종전의 낮은 용적률을 내세워서 아파트 측에게 이에 대한 대가 등을 요구하기도 합니다.

정비사업을 원활하게 진행해야하는 아파트 소유자들의 입장에서는 상가 소유자들의 협조를 얻기 위해 다양한 인센티브를 제공하는 경우도 있습니다.

| 상가 소유자들의 협의체 구성

재건축 단지에 있는 상가 소유자들은 자신들의 이익을 극대화하기 위해 '상가 소유자 협의회'를 구성합니다. 이는 기존의 입주자(즉, 상가에서 영업을 하는 세입자) 협의회와는 다르게 소유자들로 구성됩니다. 때로는 아파트 소유자 측과 협의가 잘 안되어 서로 극단으로 치닫게 되면 오히려 해당 정비사업에 걸림돌이 되는 부작용도 있습니다.

| 합의서 내용의 확인과 조합총회 의결 여부

아파트와 상가가 협의가 잘 되어 해당 재건축 사업이 진행되다면 다음 내용의 합의서가 총회의 의결로 조합 정관에 반영되는게 중요합니다.

- 상가 소유자가 신축 아파트를 공급받도록 관리처분계획을 수립한다는 내용
- 상가 소유자의 권리가액에 대한 아파트 전환비율[155]

  (단, 정관이 총회의 의결로 변경될 수 있다는 점에 유의해야 합니다.)

---

155) 도시정비법 시행령 제63조 제2항 (재건축의 관리처분방법)
이 비율을 일반적으로 '아파트 전환비율' 또는 '상가 산정비율'이라 합니다.

| 아파트와 상가의 갈등

아파트 측의 입장에서는 단지내 상가를 포함한 통합 재건축을 해야만 사업성을 더 높일 수 있습니다. 그러나 상가의 입장에서는 멸실후 준공까지 약 3년 동안은 영업 손실이 발생하기 때문에 사업에 반대하게 되고 그에 따른 조건을 내세우면서 조합설립에 쉽게 동의하기가 어렵습니다.

양자간의 극한 대립으로 사업이 지체되면 아파트는 **토지 분할소송을 거쳐 상가를 제척한 후 독자 재건축을 진행**하기도 합니다.[156)]

이때 상가의 구분 소유자의 수가 전체 재건축 단지의 토지등 소유자의 10% 이상이면 유리합니다.[157)]

만약 '**상가의 제척**'으로 결정되면 상가는 단독으로 재건축하게 되는데 이 경우는 도시 및 주거환경정비법에 의한 정비사업이 아니라 **건축법**에 의해 상가 자체 사업으로 진행하게 됩니다. 최근에는 상가 단독으로 재건축을 진행하기 위한 허가 동의요건이 100%에서 80%로 낮아졌습니다.[158)]

| 상가 독립정산제 실시

아파트와 상가가 통합 재건축을 하게 되면, 하나의 조합으로 진행됩니다. 그러나, 상가와 아파트는 대지지분과 용적률이 다르므로 개발에 따른 이익 구조가 달라집니다.

따라서 비용정산을 아파트와는 별개로 독립적으로 하며 그에 따라 관리처분계획을 수립하게 됩니다(독립정산제). 즉, 아파트와의 합의서 작성시에 '독립정산제'도 반영하고 **조합 정관에도 명시**되는 것이 좋습니다. 마찬가지로 **조합 총회의 추인**을 받아야 합니다.

---

156)   도시정비법 제67조
157)   도시정비법 제67조 제4항 1호
158)   건축법 제11조 제11항 2호

| 상가 소유자의 아파트 분양신청

상가(부대 및 복리시설)의 소유자는 상가를 분양받을 수 있지만 일정요건을 충족하는 경우에는 아파트 분양 신청에 참여할 수 있습니다.[159]

> **부대시설·복리시설의 소유자에게는 부대시설·복리시설을 공급한다.**
> 다만, 다음의 어느 하나에 해당하는 경우에는 1주택을 공급할 수 있다.
>
> 가. 새로운 부대시설·복리시설을 건설하지 아니하는 경우로서 기존 부대시설·복리시설의 가액이 분양주택 중 최소분양단위규모의 추산액에 **정관등으로 정하는 비율**(정관등으로 정하지 아니하는 경우에는 1로 한다. 이하 나목에서 같다)을 곱한 가액보다 클 것
>
> 나. 기존 부대시설·복리시설의 가액에서 새로 공급받는 부대시설·복리시설의 추산액을 뺀 금액이 분양주택 중 최소분양단위규모의 추산액에 **정관등으로 정하는 비율**을 곱한 가액보다 클 것
>
> 다. 새로 건설한 부대시설·복리시설 중 최소분양단위규모의 추산액이 분양주택 중 최소분양단위규모의 추산액보다 클 것

일반적으로 단지내 상가를 제척하지 않고 상가를 포함한 '통합 재건축'으로 사업을 진행할 때, 위의 내용을 조합의 정관에 반영하거나 조합의 상황에 맞게 보완하여 상가 소유자도 아파트를 분양받게 합니다.

여기에서 **정관 등으로 정하는 비율**을 전환비율(또는 산정비율)이라 합니다. 보통의 경우, 상가의 종전 용적률이나 위치의 유불리에 따라 이 전환비율 (0.1~1.0)에 대한 아파트 측과의 협상 결과가 달라집니다. 이 전환비율이 낮을수록 상가 소유자에게 유리합니다.

해당 재건축 사업의 속도를 높이기 위해서는 상가 소유자의 협조가 필요하기 때문에 전환비율을 적절하게 협의하여 상가 조합원도 아파트를 분양받도록하는 사업장이 늘어나고 있습니다.

---

159) 도시정비법 시행령 제63조 제2항 2호

❘ 상가 소유자의 상가 분양신청

당연한 얘기지만, 상가를 소유한 조합원은 재건축되는 상가를 분양받을 수 있습니다. 이 때 조합 정관에 의해 관리처분단계에서 배정을 받게 되는데, 대부분은 다음의 관행을 따릅니다.

> **원칙적으로 종전 상가의 위치와 같은 층, 같은 순서(호수)를 기준으로 배정합니다.**
>
> 대부분의 경우, 1층에 위치한 상가가 경쟁률도 높고 분양가도 높습니다. 만약 신축 상가의 1층이 부족한 경우 2층 또는 지하층에 배정되기도 하는데 권리가액 순으로 배정합니다.
>
> 마찬가지로 신축 1층 상가에 여유가 생기면, 다른 층의 조합원 중에서 권리가액이 높은 순으로 1층 상가를 배정받기도 합니다.

일반적으로 재건축 신축상가는 종전 상가보다는 전용면적을 넓게 하지만 주차장 등의 공용 면적을 넓게 건축하므로 전용률이 오히려 낮아지는 경우도 있습니다.

❘ 똑똑한 단지내 상가로 절세 효과를 누린다.

1주택자가 재건축이 예정된 단지내 상가를 매입해서 조합원 입주권으로 전환되면 1주택 1입주권의 비과세 적용을 받을 수 있습니다.

즉, 조합원 입주권으로 전환된 후 3년이내에 종전 1주택을 팔면 비과세 적용을 받을 수 있고 또한 3년이 지나서 팔면 신축 아파트 준공 후 2년 이내에 종전 1주택을 팔아도 비과세를 적용받을 수 있습니다. (자세한 사항은 7장 참조)

| 재건축 상가의 재건축부담금

그 동안은 상가 소유자가 아파트 입주권을 분양받는 경우에 상가 소유자에게는 개시시점의 주택가격을 '0'원으로 처리했었기 때문에 상가 소유자의 재건축 부담금(재건축초과이익환수제도)이 큰 걸림돌이 되었습니다.

그런데, 법개정으로 2022.8.4.부터는 부대 및 복리시설(상가)의 감정평가액을 주택가격과 합산하여 개시시점 주택가액을 산정하기 때문에 상가조합원의 조합원 부담금이 크게 줄어들게 되었습니다.[160]

| 재건축 상가의 감정평가액 비교

다음 표는 서울 서초구의 OOO 재건축 사업 단지에 있는 종전 상가의 층별 감정평가액(종전자산 추정가액)을 나타낸 것입니다.

층수	종전자산 추정가액 (m²당) [161]	상대적 비율
3층	12,950,000원	40.6%
2층	15,290,000원	47.9%
1층	31,930,000원	100%
지하	11,000,000원	34.5%

1층의 종전자산 감정평가 추산액을 100이라 했을 때, 다른 층에 있는 상가의 상대적인 추산액 비율을 계산하면 오른쪽 열과 같으니 재건축 단지내 상가를 투자할 때 참고하기 바랍니다.

---

160) 재건축초과이익 환수에 관한 법률 시행령 제9조 제1항
161) 공급(분양)면적 기준

6-4
도로(나대지) 투자

재개발 구역내 도로도 투자의 대안이 될 수 있습니다. 서울시의 경우에는 재개발 구역내 90m² 이상의 토지를 소유한 자는 입주권을 받을 수 있으므로 구역내 여러 개의 필지로 나누어져 있는 도로와 나대지 등을 합산하여 90m² 이상이 되면 되면 아파트 입주권을 받을 수 있습니다.[162]

이 때 합산은 관리처분계획 인가일이 기준이 됩니다. 단, 권리산정기준일 이후에 필지나 지분이 쪼개진 경우에는 해당이 안됩니다. 또한 도로나 나대지는 재개발 사업에 혹시 문제가 생겨서 사업진행이 어려워지면 가격 거품이 급격히 빠지므로 주의해야 합니다.

┃ 입주권 자격

도로 등 나대지를 투자하여 입주권이 나오는 경우를 정리하면 다음과 같습니다.

(1) 90m² 이상 소유주는 유주택자라 하더라도 입주권이 나옵니다.

(2) 30m² 이하는 현금청산의 대상이 됩니다.

---

162) 서울시 도시 및 주거환경정비 조례 제36조 제1항

(3) 30m² 초과 90m² 미만일 경우 **다음 조건을 모두 만족해야** 입주권이 주어집니다.

- 2003.12.30. 이전에 분할된 한 필지의 토지일 것
- 2010.7.15. 이전에 최초로 기본계획을 수립한 구역일 것
- 도로의 경우 현황과 지목 중에 하나는 '대지'이어야 하는데 만약 둘 다 모두 '도로'일 경우 청산대상입니다.
- 사업시행계획인가 고시일부터 공사완료 고시일까지 세대원 전원이 무주택자이어야 합니다. 소유주가 변경되는 경우, 종전 소유자 중 한 명이라도 요건을 충족하지 않으면 청산대상입니다.

(4) 도로 부지로서 90m² 이상인 경우에는 현황과 지목이 모두 '도로'라 하더라도 입주권이 나옵니다.

│ 도로(나대지) 투자의 장단점

주택수에 포함되지 않는다는 장점 외에도 자금조달계획서 작성의무가 없으므로 자금출처에 대한 증빙이 필요하지 않으며 취득세가 4.6%로서 다주택자로서 투자할 만한 대상이라 할 수 있습니다. 또한 면적의 합이 90m²를 넘으면 되므로 작은 지분이라도 꾸준히 모으면 입주권이 나옵니다. 반대로 작은 면적이라 하더라도 재개발 구역내 작은 지분이 필요한 다른 소유자에게 매도할 수도 있습니다.

그러나 보유기간 동안 임대수익이 발생하지 않고 대출받기도 까다롭습니다. 또한 감정평가가 일반적으로 낮으며, 특히 도로인 경우에 더 그렇습니다.

해당 조합마다 다르지만 이주비 대출 등이 어려운 것이 현실입니다. 그리고 만약 해당 재개발이 지연되거나 해제되는 경우에는 거래가 안되고 가격도 급락하므로 사업의 진행상황을 면밀히 볼 필요가 있습니다.

6-5
무허가건축물 투자

재개발 구역내에 무허가 건물이지만 입주권을 받을 수 있는 물건을 소위 '뚜껑'이라 합니다. 무허가 건축물이 40%에 육박했던 서울 신림1구역도 신속통합기획방식으로 약 4,000세대의 대단지로 재개발이 진행중입니다.

무허가 건물이라 비교적 가격이 저렴하여 투자 대안이 될 수 있지만, 그렇다고 해서 무조권 아파트 입주권을 주는 것이 아니고 **엄격하게 일정 요건을 갖추어야** 됩니다.

서울시의 경우에는 '서울특별시 도시 및 주거환경 조례'에 그 분양자격이 정해져 있으며 각 시·도의 조례를 확인해야 합니다. 무허가 건축물은 다음과 같이 '기존 무허가건축물'과 '특정 무허가건축물'로 구분되어 있습니다.

| 기존 무허가건축물

이는 특정무허가건축물에 대한 규정이 만들어지기 전부터 존재해오던 무허가 건축물로서 다음 각 항 중에서 하나를 만족하는 경우입니다. [163]

---

163) 서울특별시 건축조례 제46조 제2항

- 1981.12.31.을 기준으로 현재 무허가건축물대장에 등재된 무허가건축물

- 1981년 제2차 촬영한 항공사진에 나타나 있는 무허가건축물

- 재산세 납부대장 등 공부상 1981.12.31. 이전에 건축하였다는 확증이 있는
  무허가 건축물

- 1982. 4. 8. 이전에 사실상 건축된 연면적 85m^2 이하의 주거용 건축물로서
  1982년 제1차 촬영한 항공사진에 나타나 있거나 재산세 납부대장 등 공부상
  1982. 4. 8. 이전에 건축하였다는 확증이 있는 무허가건축물

┃ 특정 무허가건축물

한편 2011.5.26. 서울시 의회의 조례개정으로 '특정무허가건축물'이란 용어가 도입되었습니다.

이 조례 개정으로 2011.5.26. 이후에 최초로 정비계획공람을 한 재개발 구역의 경우에는 '특정무허가건축물'이라는 규정을 따릅니다.

다음 각 항을 모두 만족하는 경우 '특정무허가건축물'로서 입주권이 나옵니다. [164]

- 1989.1.24. 당시에 무허가건축물 이어야 합니다.
  즉, 그 이전에 건축되어 있어야 한다는 뜻입니다.

- 주거용으로 사용되고 있어야 합니다.
  즉, 상하수도, 난방 및 취사시설 등이 갖추어져 있어야 합니다.

- 조합 정관에 특정무허가건축물에 조합원 자격과 분양자격을 부여한다는 취지의
  규정이 포함되어 있어야 합니다.

---

164) 서울특별시 도시 및 주거환경정비 조례 제2조, 제36조

| 필수적으로 확인할 사항

(1) 실제 주거용으로 사용되고 있는지 확인하는 것이 좋습니다.

열악한 주거여건으로 간혹 멸실되었을 수도 있기 때문입니다. 또한 수도료, 전기료 및 도시가스 요금 등이 주거용으로 납부되었을 것이므로 해당 영수증도 확인하는 것이 좋습니다.

(2) 점유사용료 납부영수증을 확인해야 합니다.

점유사용료가 간혹 미납되어 상당한 금액을 납부해야 할 수도 있으므로 반드시 확인해야 합니다.[165] 가장 확실한 방법으로 해당 지자체의 담당부서(재산세계, 주택과 등)에서 확인하는 것이 좋습니다.

또한 해당 건축물이 사유지에 있는 경우도 있는데 이때에도 지료가 완납되어 있는지 확인해야 합니다.

(3) 지자체를 방문하여 '무허가건물 확인원'을 발급받는 것이 좋습니다.

이때 건축시점과 무허가건축물 관리대장에 등재된 면적과 실제면적이 같은지 확인해야 합니다. 만약 무허가 건축물 관리대장에 등재가 안 되어 있다면 항공사진이나 세무서의 재산세 납부 대장 등을 확인하여 건축시점을 확인하는 것이 좋습니다.

(4) 국공유지 불하계약 체결여부를 확인하여 불하대금의 납부여부를 확인해야 합니다.

만약 매도인이 국공유지 불하계약을 맺은 상태라면 불하대금의 부담에 대한 귀속 관계를 명확하게 매매계약서에 명시하는 것이 좋습니다.

---

165) 때로는 수 백 만원에서 수 천 만원에 이를 수 있습니다.

6-6
경매로 투자하기

투기과열지구에서는 재개발의 경우에는 관리처분계획인가일을 기준으로 재건축의 경우에는 조합설립인가일을 기준으로 조합원 지위의 양도가 제한 됩니다.

그러나 국가, 지방자치단체 및 금융기관에 대한 채무를 이행하지 못하여 **토지 또는 건축물이 경매 또는 공매되는 경우에는 낙찰자가 조합원 지위를 양도 받을 수 있습니다.**[166]

이 때 몇 가지 살펴볼 사항이 있습니다.

첫 번째, 해당 물건이 현금청산대상인 물건이지 또는 전 소유자가 해당 정비사업에 대한 **조합원 분양을 신청했는지 확인**해야 합니다. 조합사무실에 확인하면 됩니다.

두 번째, 해당 물건의 **경매신청권자(채권자)가 누구인지**를 정확하게 확인해야 합니다. 무조건 경매물건이라고 조합원 지위가 양도되는 것이 아니라 경매신청권자가 다음과 같이 제한되어 있습니다.

---

166) 도시정비법 시행령 제37조 제3항 5호

1. 국가 및 지방자치단체
2. 금융기관
   은행법상의 은행, 중소기업은행, 상호저축은행,
   보험회사, 농협, 수협, 신협, 새마을금고,
   산림조합중앙회, 한국주택금융공사, 체신관서
3. 한국자산관리공사의 압류재산 공매

즉, **경매신청권자가 대부업이나 개인일 경우에는 조합원 지위를 양도받을 수 없고 현금청산 대상**이 됩니다.

세 번째, 입찰시에는 권리분석이 정확하게 이루어져야 합니다. 일반적으로 정비구역내 부동산이라 하더라도 지상권, 전세권, 저당권, 임차권, 가압류 등의 등기된 권리와 임대차보호법상의 임차인의 권리 등은 멸실 후에도 그대로 남아있기 때문에 **낙찰후 인수받는 권리가 있는지 꼼꼼하게 따져야** 합니다.[167]

네 번째, 건물이 멸실되고 토지만 경매로 나온 경우에도 주의해야 합니다. 토지만 남아있는 상태에서 그 토지가 경매로 나온 것이라면 자칫 건물 소유자와 공동조합원이 될 수도 있습니다.

일반적으로 정비구역 내에서는 토지 감정평가가 건물분 보다는 크기 때문에 토지 낙찰자가 유리하지만, 반드시 폐쇄된 건물 등기부등본을 확인하여 건물에 대해 다른 권리 관계가 남아있는지를 확인해야 합니다.

---

167) 도시정비법 제87조

위 사례는 인천시 서구에 있는 재건축 구역내 아파트입니다. 재건축 조합이 2011.12.1.에 설립되었으며 2020.6.7.에 투기과열지구로 지정되어 있습니다.

투기과열지구내 재건축사업이므로 조합원 지위의 양도가 불가능하지만 경매로 매각되는 물건은 조합원 지위양도가 가능합니다. 그러나 앞에서 설명한 것처럼 **경매신청권자가 대부업체나 개인일 경우에는 조합원 지위양도가 불가능**합니다. 이 물건의 경매신청권자는 대부업체 입니다.

설령 조합원 소유의 물건이라도 낙찰받을 경우에는 **조합원 지위를 잃고 매도청구 대상**이 되므로 낙찰가 1억 7천여만원 이상으로 매도청구 감정평가를 받아야 투자실익이 생기는데 설령 감정평가를 잘 받아도 다음과 같은 문제점이 생깁니다.

첫 번째, 재건축 조합이 설립된 상태에서 2020.6.7.에 투기과열지구로 지정되었기 때문에 그 이후에는 매매거래가 이루어지지 않았습니다.

투기과열지구 지정 직전까지는 약 1억 4~5천만원 수준에서 거래되었고 실제로 경매 감정평가 금액이 1억 5천만원이었습니다.[168] 따라서 감정가 1억 5천만원이 현재 시세도 아니며 후에 해당 재건축사업이 진행되면서 비조합원 매도청구를 위한 감정평가 금액도 그 시점의 상황에 따라 달라질 수 있으므로 미래 수익을 전혀 판단할 수 없습니다.

두 번째, 정비사업의 속성상 사업기간이 어느 정도로 길어질지 모른다는 점입니다. 이 단지의 경우 현재로선 재건축초과이익환수제에 따른 조합원 부담금이 부과되는 사업장으로 2022.9. 현재 1대1 재건축을 추진하는 것으로 알려져 있습니다. 앞으로도 시간이 많이 소요될 수 밖에 없고 그 기간까지 매도가 쉽지 않은 상황일 것입니다.

세 번째, 2021년 겨울부터 부동산 정체기(또는 침체기)에 들어섰기 때문에 더욱 더 투자 수익에 먹구름이 드리워져 있다고 할 수 있습니다. 더군다나 해당 재건축 사업의 조합원 자격도 없으므로 큰 부담이 될 것입니다.

만약에, 해당구역이 투기과열지구에서 해제된다면 조합원 자격이 있는 경우에는 자연스럽게 거래가 되겠지만, 그렇지 않으면 상대적으로 더 어려운 상황에 놓일 수 있습니다.

따라서 투기과열지구내 정비사업에 대하여 경매로 낙찰을 받을 경우에는 조합원 지위양도가 가능하나 이번 사례와 같이 그렇지 않는 경우도 있으니 좀 더 신중한 접근이 필요합니다.

---

168) 경매를 위한 집합건물(구분부동산)의 감정평가도 거래사례비교법으로 진행되지만 정비사업과는 감정평가 결과가 다릅니다.

6-7
법인으로 투자하기

법인도 정비사업의 조합원이 될 수 있으며 입주권을 받을 수 있습니다. 그러나 관리처분계획 인가 이후 조합원 분담금이나 이주비 등에 있어서 법인에게는 대출이 불가하거나 까다로울 수 있습니다. (법인 명의의 주택은 주택담보대출의 성격을 지난 이주비 대출이 불가능합니다.)

따라서 법인 조합원은 준공후 입주까지 보유하는 것 보다는 사업 중간단계에서 매도하는 것이 좋을 것입니다. 다만 해당 물건의 조합원 지위양도에 제한이 있을 수 있는 구역내 물건인지 따져봐야 하겠습니다.

또한 주택을 보유한 법인에게는 세금 등에 있어서 개인보다는 불리한 측면이 많습니다. 양도차익에 대한 법인세 외에 법인세 추가과세(20%)가 있기 때문에 투자실익이 크지 않을 수 있습니다.

그러나 주택이 아닐 경우에는 법인의 과세체계가 개인과는 다르고 법인의 재무제표나 대표의 신용도가 높다면 대출한도도 높을 수 있으므로 법인의 장점을 최대한 살려 정비구역내 상가 등의 물건에 투자하면 좋은 결과를 얻을 수 있습니다.

| 법인으로 투자하는 전략

앞에서 설명한 바와 같이 법인으로 정비구역내 투자할 경우에는 상가가 가장 적합하다고 판단합니다. 법인세 추가과세에 해당되지 않으므로 세금면에서도 유리합니다. 또한 법인의 경우에는 '이월결손금의 공제'제도[169]가 있으므로 매수·매도 시점을 잘 활용하면 세금을 획기적으로 줄일 수 있습니다.

| 법인으로 상가 투자하는 경우의 세금

취득세

법인의 본점이 과밀억제권역에 있고 과밀억제권역에 있는 상가를 취득하는 경우의 취득세율은 9.4%입니다. 그러나 법인 본점이 과밀억제권역이 아닌 곳에 있을 경우 4.6% 입니다. 그런데 이 경우라 하더라도 과밀억제권역내의 상가에 물적·인적 설비를 갖추게 되면 취득세가 중과될 수 있습니다.

부가세

상가건물 매입시, 건물분에 대하여 부가가치세 10%를 내야하며, 임대할 경우에는 월 임차료에 대하여 부가가치세 10%를 납부하고 임차인에게 세금계산서를 발행해야 합니다.

재산세

건물분과 토지분으로 나누어서 납부합니다.
- 건물분 재산세 = (시가표준액 × 공정시장가액비율 (70%)) × 0.25%
- 토지분 재산세 = (공시지가 × 면적 × 공정시장가액비율 (70%))

  × (0.2~0.5%)

---

169) 특정 회계년도에 결손난 부분을 향후 10년간 이익에 반영하여 세금을 줄이는 방법

| 법인 운영에 따른 세금

법인 활동에 따른 각종 경비를 비용으로 처리할 수 있으며 이를 양도차익에서 차감한 후 그 나머지[170]에 대해서 법인세를 납부하면 됩니다. 개인에 비해 경비로 인정받을 수 있는 항목이 많습니다.

- 교통비 : 주유비, 택시비, 주차비 등
- 복리후생비, 접대비, 경조사비, 음료비 등 [171]
- 이자비 : 법인 부동산 담보대출, 법인 사업용 대출 이자 등
- 부동산 수선비 : 도배, 장판, 싱크대, 보일러, 기타 수선비
- 임차료
- 급여 및 보험료
- 지급 수수료 : 중개사 수수료, 세무사 기장료 등
- 교육 훈련비, 통신비, 도서구입비 등
- 재산세, 종부세 등

| 법인세의 납부

법인의 매출에서 임직원 급여 등 각종 비용을 차감한 과세표준에 따라 법인세율은 다음과 같이 달라집니다.

과세표준	세율	누진공제
~ 2억원 이하	10%	-
~ 200억원 이하	20%	2,000만원
~ 3,000억원 이하	22%	42,000만원
3,000억원 초과	25%	924,000만원

---

170) 이를 과세표준이라 합니다.
171) 단, 부동산 임대법인은 접대비 한도가 1/2입니다.

| 법인으로 주택매도시 법인세 및 추가과세 산출

법인명의의 주택을 매도할 때의 법인세 산출 과정은 다음과 같습니다.

단순히 매도가에서 매수가를 차감한 양도차익의 20%가 아니라 다음과 같은 과정으로 산출됩니다.[172]

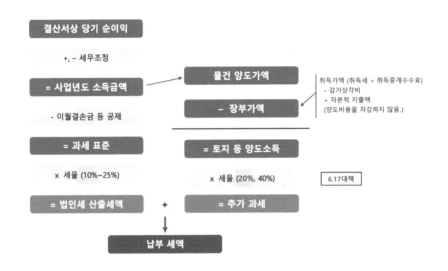

법인으로 주택을 매수후 보유하다가 매도하는 경우에는 위 그림 오른쪽에 있는 것처럼 물건의 양도가액에서 장부가액을 차감하고 추가과세율(20%, 40%)을 곱한 금액 만큼을 세금으로 납부하도록 되어 있습니다.

그러나 주택이 아닌 상가 등의 경우에는 해당 상가의 양도차익에서 법인 활동으로 인한 각 종 경비를 차감한 과세표준에 세율을 곱한 금액에 대하여면 세금을 납부하게 되니 개인으로 투자하는 것보다 유리하다고 할 수 있습니다.

---

172) 미등기자산일 경우 법인세 추가과세 세율이 40%입니다.

6-8
1+1 입주권 투자

재개발은 원칙적으로 구역내 다물건 소유자라 하더라도 1개의 입주권을 주는 것이 원칙입니다. 그러나 다음과 같은 경우에는 예외적으로 입주권을 추가로 주는 경우도 있습니다.

즉, 종전의 감정평가액이 크거나 주거전용면적이 큰 조합원은 소형면적 (60m^2 이하)의 입주권을 추가로 더 받을 수 있습니다. 이를 통상 '1+1(원 플러스 원) 입주권'이라 부릅니다.

주로 면적이 큰 다가구주택이나 단독주택에 해당되는데 재개발 사업진행을 원활하게 하기 위해서는 이 들의 협조(조합설립 동의 등)가 필요하기 때문입니다.

한편 '1+1 입주권'은 강행규정이 아니라 조합의 상황에 따라 선택적으로 채택할 수 있으므로 반드시 해당 조합에 확인을 해야 합니다.

| 추가 입주권에 대한 규정

도시정비법에는 다음과 같이 추가 입주권을 규정하고 있습니다.[173]

> 종전자산의 감정평가액의 범위 또는 종전 주택의 주거전용면적의 범위에서 2주택을 공급할 수 있고, 이 중 **1주택은 주거전용면적을 60제곱미터 이하**로 한다. 다만, 60제곱미터 이하로 공급받은 1주택은 해당 아파트의 완공에 따른 이전고시일 다음 날부터 3년이 지나기 전에는 주택을 전매(매매·증여나 그 밖에 권리의 변동을 수반하는 모든 행위를 포함하되 상속의 경우는 제외한다)하거나 전매를 알선할 수 없다.

위 내용을 살펴보면 **종전자산의 감정평가액**을 기준으로 할 때에는 본인의 감정평가액이 분양받고자 하는 조합원 분양가의 합보다 크거나 같아야 합니다.

또한, **종전자산의 주거전용면적**을 기준으로 할 때 추가되는 면적은 $60m^2$ 이하가 되어야 하므로 몇 가지 경우로 나누어 보면 다음과 같이 입주권이 주어질 수 있습니다. 물론 반드시 입주권을 추가로 신청하지 않고 권리가액과 조합원 분양가를 비교하여 그 차액(청산금)을 돌려받을 수 있습니다.

종전자산 주거전용면적 (예)	조합원 입주권 (예)	1+1 입주권 가능
$150m^2$	전용 $84m^2$ + 전용 $59m^2$	가능
$130m^2$	전용 $79m^2$ + 전용 $49m^2$	가능
$110m^2$	전용 $59m^2$ + 전용 $49m^2$	가능
$90m^2$	전용 $49m^2$ + 전용 $49m^2$	불가능 (면적합보다 작으므로)

---

173) 도시정비법 제76조 제1항 7호 라목

위의 감정평가액 기준과 주거전용면적 기준은 서로 별개의 규정이므로 감정평가액 기준으로 추가 입주권을 받지 못하더라도 전용면적 기준으로 추가 입주권을 받을 수 도 있으며 그 반대의 경우도 가능합니다.

┃ 분리매각 금지와 전매제한

1+1 입주권은 주택에 대한 규제가 강화되기 전에는 많은 관심을 받았지만, 현재로선 세심한 주의가 필요합니다.

완공 후 이전고시까지는 2개의 입주권을 분리하여 매각할 수 없습니다. 즉, 입주권인 상태에서는 하나의 입주권으로 간주되므로 묶어서만 매각이 가능합니다.

또한 이전고시 후 추가로 받은 입주권에 의한 주택은 다음과 같이 전매가 불가능합니다. 즉 추가로 받는 전용면적 60m² 이하의 주택은 이전고시후 3년간 전매(상속은 제외)가 제한됩니다.[174]

이를 위반할 경우 3년 이하의 징역 또는 3천만원 이하의 벌금에 처해질 수 있습니다.[175] 한편 아파트 준공후 이전고시까지 상당기간이 필요하다는 점도 감안해야 합니다.

┃ 조합원 분양배정 순위

정비사업에서의 신규 아파트의 공급은 조합원에게 1주택만을 공급하는 것이 원칙이기 때문에 만약 '1+1 조합원'이 '1주택 조합원'과 분양신청에서 경합을 하게 되면 배정순위에서 밀릴 수 있습니다.

---

174) 도시정비법 제76조 제1항 7호 라목
175) 도시정비법 제136조의 8

| 세금

정비사업으로 인해 1주택이 '1+1 입주권'으로 변경된 후, 그 입주권 2개를 같은 날에 1인에게 모두 양도하는 경우에는 납세자가 선택하여 먼저 양도하는 조합원 입주권 1개는 과세되고, 나중에 양도하는 조합원 입주권 1개는 비과세가 적용됩니다.

> 1세대가 보유한 「소득세법 시행령」 제154조 제1항이 적용되는 1주택(주택부수토지 포함)이 「도시 및 주거환경정비법」에 따른 주택재개발 사업지역에 포함되어 조합원 입주권(같은 법 제48조에 따른 관리처분계획의 인가로 인하여 취득한 입주자로 선정된 지위) 2개로 전환되어 같은 날 1인에게 모두 양도하는 경우로서 당해 거주자가 선택하여 먼저 양도하는 조합원입주권 1개는 양도소득세가 과세되는 것이며, 나중에 양도하는 조합원입주권 1개는 1세대 1주택 비과세 특례가 적용되는 것입니다. [176]

또한, 만약 무주택자가 '1+1 입주권'을 가질 경우 이전고시 후 소유권 보전등기를 하게 되면 다주택자(2주택자)가 됩니다. 따라서 비과세를 적용받기 위해서는 1주택을 먼저 양도나 증여 등을 통해 주택 수를 줄여야 합니다. 다만 앞에서 설명한 것처럼 추가로 받은 주택은 이전고시후 3년간은 전매가 불가능하다는 점을 감안해야 합니다.

---

176) 서면-2016-법령해석재산-2865 (2016.2.23.)

BOOK +

6-1 : 정비사업과 임대차관리

임대차 기간이 남은 임차인의 경우 본인이 거주하는 도중 정비사업이 진행된다면 어느 단계까지 임대차를 유지할 수 있을지 불안할 수 밖에 없습니다. 특히 상가임대차의 경우 갱신 요구를 할 수 있는지와 권리금을 회수할 수 있는지도 살펴봐야 합니다. 도시정비법에서는 이에 관한 규정이 다음과 같이 되어 있습니다.

> **제70조(지상권 등 계약의 해지)**
> ① 정비사업의 시행으로 지상권·전세권 또는 임차권의 설정 목적을 달성할 수 없는 때에는 그 권리자는 계약을 해지할 수 있다.
> ② 제1항에 따라 계약을 해지할 수 있는 자가 가지는 전세금·보증금, 그 밖의 계약상의 금전의 반환청구권은 사업시행자에게 행사할 수 있다.
> ③ 제2항에 따른 금전의 반환청구권의 행사로 해당 금전을 지급한 사업시행자는 해당 토지등소유자에게 구상할 수 있다.
> ④ 사업시행자는 제3항에 따른 구상이 되지 아니하는 때에는 해당 토지등소유자에게 귀속될 대지 또는 건축물을 압류할 수 있다. 이 경우 압류한 권리는 저당권과 동일한 효력을 가진다.
> ⑤ 제74조에 따라 관리처분계획의 인가를 받은 경우 지상권·전세권설정계약 또는 임대차계약의 계약기간은 「민법」 제280조·제281조 및 제312조제2항, 「주택임대차보호법」 제4조제1항, 「상가건물 임대차보호법」 제9조제1항을 적용하지 아니한다.

위의 제5항에 의거 **관리처분계획인가가 고시되면 임차인은 해당 건물을 사용수익할 수 없어** 조합으로부터 해당 건물의 인도청구를 받으면 임대차계약이 해지됩니다. 따라서, 주택임대차보호법상의 임대차기간(2년 보장)과 상가건물 임대차보호법상의 임대차기간(1년 보장)을 보장 받을 수 없습니다.

또한 상가 임차인의 경우에는 임대인은 권리금회수기회 보호의무를 지지 않기 때문에 임차인은 권리금도 회수할 수 없습니다.

BOOK +

결국 정비사업이 진행되는 지역의 임차인으로서는 본인의 권리를 제대로 보호 받기 위해 정비사업 단계별로 임차인의 권리 관계가 달라질 수 있음을 알고 대비 하는 것이 필요합니다.

따라서 정비구역내 임대차의 경우에는 임차인에게 관리처분계획 인가 이후에 는 임대차기간을 보장할 수 없다는 것을 사전에 고지하는 것이 좋습니다. 불필요 한 마찰을 사전에 예방하기 위하여 다음과 같은 특약을 임대차계약서에 명기하 는 것도 좋습니다.

> "정비사업의 진행으로 이주 요청시 임차인은 즉시 이사를 해야하고 이사비 등을 청구할 수 없다."

6-2 : 정비구역에서 경매물건 찾기

입찰하고자 하는 경매물건이 정비 구역내의 물건인지 확인하기 위해서는 다음과 같이 살펴보는 것이 좋습니다.[177]

경매물건을 검색하면 일목요연하게 정리된 **계획고시 목록**을 볼 수 있습니다. 해당 고시를 클릭하면 해당 물건지에 어떤 정비사업이 진행되는 지를 알아볼 수 있고 그 정보를 기준으로 해당 관청의 정비사업 목록을 검색하여 진행되는 사업단계를 파악할 수 있습니다.

---

177) 위의 경매물건은 '스피드옥션'에서 검색된 내용입니다.

BOOK +

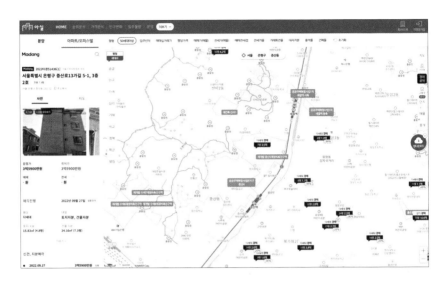

　위의 그림은 Proptech App. 인 아실(asil)에서 조회된 것입니다. 지도에 일목요연하게 정비구역과 경매물건이 같이 나타납니다.

　해당 경매물건을 클릭하면 물건에 대한 설명이 간단하게 나타나기 때문에 물건의 종류 등 몇 가지 기본사항 들을 손쉽게 확인할 수 있습니다.

　그러나, 실제 입찰을 하기 위해서는 임차인의 대항력 등의 권리분석, 입지분석, 수익분석 및 입찰가 판단 등의 다양한 사항들을 검토해야 합니다.

7 조합원 입주권과 세금

7-1
조합원 입주권으로의 전환

투자 이익은 세금 납부로 확정되므로 성공투자를 위해서는 정비사업의 각 단계별로 부과되는 세금을 정확히 알고 있어야 합니다.

조합원이 보유한 부동산은 **관리처분계획의 인가일을 기준으로 조합원 입주권이라는 권리로 전환**됩니다. 또한 착공을 위하여 해당 부동산을 멸실(철거)해야 하고 건물 신축후 다시 주택(또는 상가)으로 돌아옵니다.

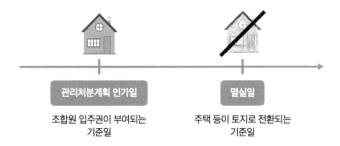

정비구역내 부동산이 관리처분계획인가후의 조합원 입주권인지 또는 멸실된 상태에서의 조합원 입주권[178]인지에 따라 취득세, 재산세, 종합부동산세 (이하 종부세), 양도소득세(이하 양도세)등의 부과기준이 달라지므로 이에 대하여 좀 더 자세히 살펴보겠습니다.

---

178) 이를 '멸실입주권'이라 부르기도 합니다.

7-2
조합원 입주권의 재산세와 종부세

먼저 조합원 입주권에 대한 재산세와 종부세에 대하여 알아보겠습니다. 재산세는 부과기준일인 매년 6월 1일 시점의 소유자가 납세의무를 갖으며 또한 6월 1일 시점의 부동산 상태에 따라 부과기준이 달라집니다.

관리처분계획인가후에 조합원 입주권으로 전환되었다 하더라도 멸실(철거) 전에는 여전히 원래 부동산인 상태로 존재하기 때문에 **재산세와 종부세는 멸실 전후를 기준으로 다르게 부과됩니다.**

따라서 6월 1일 기준으로 건물 등이 멸실되고 토지만 남아 있다면 '토지분' 재산세만 부과됩니다.

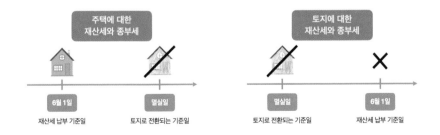

재산세는 지방세이므로 지방세를 관장하는 행정안전부가 다음과 같이 유권해석을 내린 바 있습니다.[179]

'도시 및 주거환경정비법'에 따른 재개발·재건축 사업이 진행되고 있는 경우 주택의 건축물이 사실상 철거·멸실된 날, 사실상 철거·멸실된 날을 알 수 없는 경우에는 공부상 철거·멸실된 날을 기준으로 주택여부를 판단하는 것이 타당하다.[180] 다만, 통상적인 사업진행 일정에서 벗어나 조세회피 목적으로 의도적으로 철거를 지연하는 경우 등 특별한 사정이 있는 경우에는 달리 적용가능하다.

또한 해당 주택이 멸실되어 더 이상 주택에 대한 재산세가 부과되지 않는다면 주택에 대한 종부세도 과세되지 않습니다.[181]

따라서 멸실 후 준공까지는 대략 3년 이상의 긴 시간이 필요하므로 상당기간 동안 재산세와 종부세에 대한 부담이 줄어들게 됩니다.

또한 아파트가 신축되면 그 이후에는 신축 아파트(주택)에 대한 재산세와 종부세가 과세되는데 준공(또는 사용승인일)이 되면 소유권 보전 등기와 무관하게 재산세와 종부세 과세대상이 됩니다.

| 분양권의 재산세와 종부세

조합원 입주권은 해당 정비구역내 토지를 취득한 것으로 간주하지만 주택분양권의 경우 신규 주택을 취득할 수 있는 순수한 권리로 판단하므로 재산세 및 종부세가 부과되지 않습니다. 이 경우에도 주택이 완공된 이후에 재산세와 종부세가 과세됩니다.

---

179) 행정안전부 지방세운영과-1. '재개발,재건축구역 멸실예정 주택적용 기준' (2018.1.2)허
180) 여기서 '공부상'이라 함은 건축물 관리대장을 말하는 것입니다.
181) 종합부동산세법 제2조 제3호, 지방세법 제104조 제3호, 주택법 제2조 제1호

7-3
원조합원과 승계조합원

조합원 입주권의 취득세와 양도세의 부과 방법을 알기 위해서는 원조합원과 승계조합원의 차이를 알아야 합니다. 최초에 조합원 자격을 취득했을 경우 **원조합원**이라 하고 특정일 이후에 원조합원으로부터 그 지위를 승계받은 조합원을 **승계조합원**이라고 합니다.[182]

각종 세금의 부과기준 및 감면(또는 면제) 혜택이 달라집니다.

| 취득세에서의 원조합원과 승계조합원의 구분

구분		원조합원과 승계조합원의 구분 기준
재개발	정비구역지정일이 2008.3.11. 이전	사업시행계획인가일 기준으로 구분
	정비구역지정일이 2008.3.12. 이후	정비구역지정일 기준으로 구분
재건축		관리처분계획인가일 기준으로 구분

원조합원은 취득세 납부시 면제의 혜택이 주어집니다.[183]

---

182) 이는 법률용어가 아니라 세금과 관련하여 편의상 구분한 개념입니다.
183) 서울특별시 시세감면조례 제14조

· 원조합원 : 조합설립당시의 조합원
· 승계조합원 : 조합설립 인가후, 양도·증여·판결 등으로 인하여 조합원 권리가 이전된 경우

자격에 따라
주택보유기간 산정이 달라짐

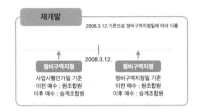

| 양도세에서의 원조합원과 승계조합원의 구분

양도세 부과시에는 재개발과 재건축의 구분 없이 **관리처분계획인가일**을 기준으로 그 이전에 매수한 경우에는 원조합원이고 그 이후에 매수한 경우에는 조합원 입주권을 승계매수한 경우로 간주됩니다.

원조합원의 경우에는 멸실후 공사기간도 보유기간에 합산하지만, 승계조합원인 경우에는 공사기간을 합산하지 않습니다. 따라서 원조합원의 경우에는 처음 매수일부터 보유기간에 합산되지만, 승계조합원의 경우에는 아파트 준공 일부터 보유기간이 산정됩니다.

즉, **관리처분계획인가 고시 전에 잔금을 치러야만** 준공일 이후 양도시 이주철거 및 공사기간을 보유기간으로 인정받게 되어 양도세비과세(다른 조건 만족시) 적용받게 됩니다. 장기보유특별공제도 받을 수 있습니다.

7-4
조합원 입주권의 취득세

재산세와 마찬가지로 취득세도 지방세이므로 다음과 같이 취득시점에 따라 취득세율이 달라집니다.

유형		건물 멸실전	건물 멸실후	신축 준공시 건물분 취득세
주택	무주택자	1~3%	4%	2.8%
	다주택자	8~12%	4%	2.8%
대지, 상가, 임야 등		4%	4%	2.8%

신축되는 아파트의 건물분에 대한 취득세는 원조합원이나 승계조합원 모두 '완공일'을 기준으로 납부합니다.

대지지분의 경우 원조합원은 조합에 맡긴 주택의 소유권을 되찾는 것이므로 취득세를 납부할 필요가 없습니다.

취득세율 측면에서 무주택자는 건물 멸실 전이 유리하며 다 주택자는 건물 멸실후 취득이 유리합니다. 주택에 대한 취득이 아니라 토지에 대한 취득으로 간주되기 때문입니다.

조합원 입주권을 매수할 경우에는 건축물 대장에 등재된 멸실여부를 확인하는 것이 좋습니다. 또한 신축 준공 후에는 주택 수에 관계없이 원시 취득세율이 적용됩니다.

| 원조합원의 취득세 감면제도

재개발 사업의 경우 해당구역의 주거환경 개선이라는 공익적 측면이 있기 때문에 원조합원에 대해서는 취득세 감면 또는 면제제도가 있습니다. 지방세특례제한법의 규정에 의해 주택완공 시점에 납부해야 하는 조합원 분담금에 대한 취득세가 여기에 해당합니다.

| 분양권과 취득세

일반 청약에 의한 분양권에 대한 취득세는 분양권을 취득할 때 내는 것이 아니라 향후 해당 아파트가 준공되어 잔금을 완납할 때 납부합니다.

한편, 2020.8.12. 이후 분양권을 취득하는 경우 분양권 취득 당시의 세대별 보유 주택수에 따라 향 후 아파트 취득시 취득세가 중과될 수 있습니다.

7-5
조합원 입주권의 양도세

취득세와 재산세는 멸실일을 기준으로 부과방법이 다르지만 양도세는 조합원 입주권으로 전환되는 시점을 기준으로 부과방법이 달라집니다.

조합원 입주권에 대한 양도세는 소득세법에 규정되어 있습니다. 소득세법에서는 조합원 입주권을 다음과 같이 정의하고 있습니다.[184]

> 조합원 입주권이라 함은 '도시 및 주거환경정비법'에 따른 정비 사업의 경우에는 관리처분계획의 인가에 의해, '빈집 및 소규모주택 정비에 관한 특례법'에 따른 자율주택정비사업, 가로주택정비사업, 소규모재건축사업 또는 소규모재개발사업의 경우에는 사업시행계획인가로 인하여 취득한 입주자로 선정된 지위를 말한다.

그런데, 조합원 입주권으로의 전환시점을 과거에는 다음과 같이 규정하고 있기 때문에 주의하여야 합니다. 즉, 조합원 입주권에 대한 양도세의 기준이 되는 전환시점이 사업의 종류별로 다릅니다. [185]

---

184) 소득세법 제88조
185) 2022 주택과 세금 (2022.4.14.국세청)

구분	'03.6.30.이전	'03.7.1. ~ '05.5.30.	'05.5.31.이후
재건축사업	사업계획승인일	사업시행인가일	관리처분계획인가일
재개발사업	관리처분계획인가일	관리처분계획인가일	
소규모 재건축사업	사업시행계획인가일 ('18.2.9.이후)		
자율주택정비사업 가로주택정비사업 소규모재개발사업	사업시행계획인가일 ('22.1.1.이후)		

한편 **조합원 입주권 양도에 대한 비과세**는 다음과 같이 2가지로 구분되어 적용됩니다.

    ① 1세대 1입주권인 경우

    ② 일시적으로 1주택과 1입주권인 경우

| 1세대가 1조합원 입주권을 갖는 경우 비과세 요건

정비구역내 1채를 보유한 1세대가 관리처분계획으로 조합원 입주권으로 변경되고 비과세 요건을 갖추면 그 입주권 양도시에는 양도세 비과세를 적용받습니다. 단, 다음 요건을 모두 충족하여야 합니다.

> (1) 기존 주택이 관리처분계획 인가일 현재 1세대 1주택으로 비과세 요건을 갖출 것[186]
>
> (2) 조합원 입주권의 양도시 실거래가액이 12억원 이하일 것
>
> (3) 양도일 현재 다른 주택이나 분양권 등을 보유하지 아니할 것[187]

---

186) '빈집 및 소규모주택 정비에 관한 특별법'에 해당하는 사업은 사업시행인가일을
(인가일 전에 기존 주택이 철거되는 때에는 기존 주택 철거일)
기준으로 현재 1세대 1주택 비과세 요건을 만족하는 경우

187) 2022.1.1.이후 취득한 분양권에 한합니다.

이때 원조합원의 경우에는 멸실 후 준공까지의 기간도 보유기간으로 산정하며 승계조합원의 경우에는 보유기간으로 산정되지 않습니다.

│ 일시적으로 1주택과 1조합원입주권을 갖는 경우의 비과세 요건

정비구역내 1조합원 입주권을 갖는 경우에 일시적으로 1주택을 보유하는 경우, 그 조합원 입주권을 양도할 때 비과세 적용을 받을 수 있습니다.[188]

단, 다음 요건을 모두 충족하여야 합니다.

> (1), (2) 위의 1세대 1조합원입주권을 갖는 경우와 동일
> (3) 양도일 현재 다른 분양권 등을 보유하지 아니할 것
> (4) 1주택을 취득한 날로부터 3년이내 양도하는 조합원 입주권이어야 함
>   (해당 정비사업이 지연되는 등 일정한 요건을 갖추는 경우 3년을 초과할
>   수 있다.)

│ 조합원 입주권의 장기보유특별공제

관리처분계획 인가일 전에 주택인 상태로 취득하여 조합원 입주권으로 전환된 경우에는 보유기간별로 연간 2%씩 양도세를 공제해 줍니다.

단, 보유기간 산정시 종전주택 취득일로부터 관리처분계획 인가일까지의 기간만 인정됩니다. 따라서 승계조합원의 경우에는 장기보유특별공제를 적용받을 수 없습니다.

즉, 관리처분계획 인가일까지 3년이상 보유하지 않으면 장기보유특별공제 대상이 될 수 없습니다.

---

188) 주로 원조합원이 조합원 입주권을 보유 중에 신규 주택을 취득하고 다시 그 조합원 입주권을 양도할때 적용됩니다.

예를 들어

　　2015년, 종전 주택의 취득

　　2020년, 관리처분계획의 인가

　　2022년, 해당 조합원입주권 양도시

관리처분인가일 이전에 5년간 보유했으므로 장기보유특별공제가 적용되며 그 이후 기간은 산정되지 않습니다.

| 조합원 입주권의 주택수 산입

입주권 자체는 주택은 아니지만 주택수 판정시 주택으로 산입됩니다. 즉, 조합원이 입주권 외에 다른 주택을 보유하고 있는 경우 그 주택을 양도하는 경우에 입주권은 주택으로 산입 됩니다. 일반 청약에 따른 분양권과는 달리 조합원 입주권은 2021.1.1. 이전에 취득했어도 주택 수로 산입 됩니다.[189]

즉, 예를 들어 주택과 입주권을 함께 보유하고 있는 경우에는 입주권을 주택으로 간주하기 때문에, 주택을 양도하는 경우 양도세가 비과세 되지 않습니다. 또한 조정대상지역에서 주택 2채와 입주권 1개를 보유한 상태에서 주택 1채를 양도하는 경우 3주택인 상태에서 주택을 양도하는 것으로 간주되어 양도세가 중과됩니다. [190]

---

189)　일반 청약에 따른 분양권은 2018.12.11.이후 취득한 경우,
　　　취득세 중과적용은 2020.8.12.이후 취득분부터,
　　　양도세 중과적용은 2021.1.1. 이후 취득분부터 주택수에 산정됩니다.
　　　입주권의 주택수 산정은 취득세 중과적용은 분양권과는 같으나
　　　양도세 중과적용은 2021.1.1. 이전에 취득했어도 주택수에 산정됩니다.
190)　현재, 1년간 양도세 중과를 한시적으로 배제하는 양도세 중과 유예제도가
　　　시행되고 있습니다. (기간 : 2022.5.10.~2023.5.9.)

| 입주권의 양도세율

입주권의 양도세율은 주택과 같습니다. 입주권을 2년 이상 보유한 후 양도하면 양도세율이 중과되지 않고 기본세율(6~45%)이 적용됩니다. 단, 입주권을 1년 미만 보유하고 양도시에는 70%, 1년 이상 2년 미만 보유시 60%의 양도세율이 적용됩니다.

양도세율을 적용할 때, 보유기간 산정은 다음과 같이 합니다.
• 원조합원 : 기존 부동산 취득일 ~ 조합원 입주권 양도일
• 승계조합원 : 조합원 입주권 취득일 ~ 조합원 입주권 양도일

또한 입주권의 양도세도 비과세가 가능하며 승계조합원이 아닌 원조합원의 입주권에 대해서는 장기보유특별공제가 가능합니다. 조합원 입주권을 이용하여 종전주택에 대한 일시적 2주택 비과세 적용을 받을 수도 있습니다. (다음에 나오는 내용을 참고바랍니다.)

7-6
대체주택의 양도세 비과세

정비구역내 주택에 거주하다가 관리처분이후 멸실되면 일시적으로 거주하기 위한 주택을 취득하는 경우가 있습니다. 이런 주택을 **대체주택**이라고 부릅니다. 이때 해당 정비사업으로 신규 아파트가 준공되어 다시 입주하면서 대체주택을 처분하게 되는 경우 그 대체주택의 처분에 따른 양도세 비과세를 적용 받을 수 있습니다.

즉, 정비사업이 진행되는 동안 일시적 거주를 위해 마련했던 대체주택을 양도할 때 일정 요건을 충족하는 경우 양도차익 비과세가 적용됩니다.[191]

대체주택의 양도세에 대한 비과세를 적용받기 위해서는 다음 요건을 충족해야 합니다.

(1) 사업시행인가일 기준으로 국내에 1세대 1주택자에 한하여 적용한다.

사업시행인가일을 기준으로 일시적으로 2주택자(종전주택포함)일 경우,
대체주택을 매수하기 전에 종전주택을 비과세로 매도하는 경우에도
가능합니다. (국세청유권해석 : 서면-2019-법령해산재산-0466, 2021.5.7.)
무주택자인 상태로 사업시행인가일 후에 (관리처분계획인가일 이전에)
정비구역내 주택을 매수해도 적용됩니다.

---

191) 소득세법 시행령 제156조의 2 제5항

(2) 사업시행인가일 이후에 대체주택을 취득하고 1년이상 거주해야 한다.

> 정비구역내 주택을 취득하고, 그 취득날로부터 1년 이내에 대체주택을 취득
> 해도 대체주택 비과세를 적용받을 수 있습니다.
> (일반적인 일시적 2주택 요건과는 다릅니다).
> 또한, 대체주택의 소재지가 조정대상지역인 경우에도 적용됩니다.
> 대체주택에 연속적으로 거주할 필요는 없고 합산 거주일이 1년 이상이면
> 됩니다.

(3) 정비사업으로 신축되는 주택이 완공된 후 2년이내에 그 주택으로 세대
전원이 이사하여 1년이상 계속하여 거주해야 한다.

> 신축주택의 사용승인일(또는 검사일)이나 임시사용승인일 중 빠른 날이
> 기준이 됩니다.
> 대체주택의 양도세 비과세를 적용받고 아울러 정비구역내 주택 신축후 입주
> 및 거주요건을 맞추어야 하므로, 이를 통상 **'사후관리'**라고 부릅니다.

(4) 정비사업으로 취득하는 주택이 완성되기 전 또는 완성된 후 2년 이내에
비과세 대체주택을 양도해야 한다.

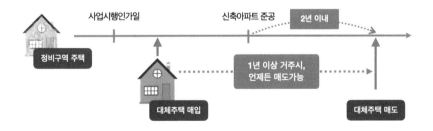

7-7
조합원 입주권 취득 시 종전주택의 비과세

1세대가 종전주택을 보유한 상태에서 조합원 입주권을 취득한 경우 다음과 같이 일정한 요건을 충족하면 그 종전주택을 양도하는 경우 비과세 적용을 받을 수 있습니다. 단, 종전주택을 3년 내 처분할 수 있는 경우와 3년 이후 처분하는 경우로 적용대상이 달라질 수 있습니다.

┃ 조합원 입주권 취득에 따른 종전주택 비과세 제도 (3년내 처분)

종전주택 소유자(1세대 1주택 소유자)가 그 종전주택을 양도하기 전에 조합원 입주권을 취득하여[192] 일시적으로 **1주택 + 1조합원 입주권**의 상태가 된 경우입니다.

종전 주택을 취득한 날부터 1년 이상이 지난 후에 조합원 입주권을 취득하고 그 조합원 입주권을 취득한 날부터 **3년 이내에 종전주택을 양도**하는 경우에는 그 종전주택에 대하여 양도세 비과세가 적용됩니다.[193]

---

192) 정비구역내 소유주택이 조합원 입주권으로 전환되는 것이 아니라 조합원 입주권을 승계취득하는 경우에 해당합니다.
193) 소득세법 시행령 제156조의 2 제3항

종전주택의 양도세에 대한 비과세를 적용받기 위해서는 다음 요건을 충족해야 합니다.

(1) 종전주택을 취득한 후 1년이 지나고 조합원 입주권을 취득해야 한다.[194]

(2) 조합원 입주권을 취득한 후 3년 이내에 종전주택을 양도해야 한다.

(3) 해당 종전주택이 1세대 1주택 비과세요건을 갖추어야 한다.

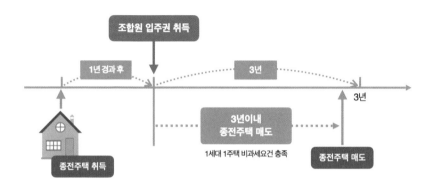

| 조합원 입주권 취득에 따른 종전주택 비과세 제도 (3년후 처분)

위와 같이 조합원 입주권을 승계취득하는 경우이지만, 다음 요건을 충족하면 3년이 지나 종전주택을 양도하는 경우에도 양도세 비과세가 적용됩니다.[195] **주로 해당 정비사업이 지연되어 불가피하게 종전주택을 3년 이상 보유하게 되는 경우에 해당합니다.**

종전주택의 양도세에 대한 비과세를 적용받기 위해서는 다음 요건을 충족해야 합니다.

---

194) 소득세법 시행령 제154조 제1항 제1호, 제2호가목 및 제3호에 해당하는 경우에는 종전의 주택을 취득한 날부터 1년 이상이 지난 후 조합원입주권을 취득하는 요건을 적용하지 않습니다.
195) 소득세법 시행령 제157조의 2 제4항

(1) 종전주택을 취득한 후 1년이 지나고 조합원 입주권을 취득해야 한다.[196]

(2) 정비사업으로 신축되는 주택이 완성된 후 2년이내에 그 주택으로 세대 전원이 이사하여 1년이상 계속하여 거주해야 한다.

(3) 정비사업으로 취득하는 주택이 완성되기 전 또는 완성된 후 2년 이내에 종전의 주택을 양도해야 한다.

(4) 해당 종전주택이 1세대 1주택 비과세요건을 갖추어야 한다.

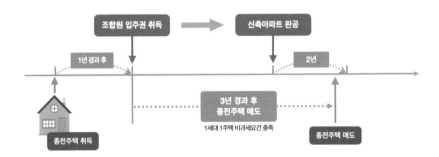

---

196) 소득세법 시행령 제154조 제1항 제1호, 제2호가목 및 제3호에 해당하는 경우에는 종전의 주택을 취득한 날부터 1년 이상이 지난 후 조합원입주권을 취득하는 요건을 적용하지 않습니다.

7-8
조합원 입주권의 증여

조합원 입주권의 증여를 통해 합법적으로 절세를 할 수 있습니다. 입주권 증여는 **보통 배우자 사이에** 많이 일어나고 있습니다.

배우자간에는 증여공제 한도금액이 6억원이기 때문에 증여세를 면제받거나 절세하면서 취득가액을 올려 이후 양도세를 절감할 수 있기 때문입니다.

증여자와의 관계	증여재산 공제한도 (10년간 합산)
배우자	6억원
직계존속 [197] (미성년자)	5,000만원 (2,000만원)
직계비속[198]	5,000만원
그 밖의 친족[199]	1,000만원

197) 수증자의 직계존속과 혼인 중인 배우자 포함
198) 수증자와 혼인 중인 배우자의 직계비속 포함
199) 6촌 이내 혈족 및 4촌 이내 인척

증여공제 한도금액을 초과한 부분에 대한 증여세 세율은 다음과 같습니다.

과세표준	증여세율 (누진공제액)
1억원 이하	10%
1억원 초과 ~ 5억원 이하	20% (1,000만원)
5억원 초과 ~ 10억원 이하	30% (6,000만원)
10억원 초과 ~ 30억원 이하	40% (1억 6,000만원)
30억원 초과	50% (4억 6,000만원)

이때 증여하고자 하는 조합원 입주권의 가액이 분명하지 않을 수 있으므로 객관적인 감정평가를 받아야 합니다. 이 때 **반드시 서로 다른 2곳으로 부터 감정평가를 받아야** 합니다. 좀 더 자세하게 조합원 입주권의 증여에 대해서 정리하면 다음과 같습니다.

| 증여를 통한 조합원 지위승계 여부

투기과열지구에서는 조합원 입주권에 대한 매매나 증여를 인정하지 않아서 증여를 하게 되면 현금청산되는 불이익이 있습니다.[200] 다만, 예외적인 일부 여건에서는 가능할 수 있으니 이를 먼저 확인하는 것이 좋습니다. (이 책의 제2장을 다시 살펴보십시오.)

조합원 자격 유지를 위해 전부 증여가 아닌 **'지분증여'**도 방법이 될 수 있으나, 반드시 사전에 조합원 지위승계 가능성에 대하여 해당 조합 측에 문의를 하는 것이 필요합니다.

---

200) 도시정비법 제39조 제2항

| 증여방법

해당 입주권 전체를 증여하든 일부 지분을 증여하든 입주권의 증여방법에는 이주비 및 중도금 대출 등의 채무를 포함하여 증여하는 '**부담부증여**'와 채무의 승계없이 증여하는 '**단순증여**'로 구분됩니다.

부담부 증여는 담보된 채무승계액 만큼 증여세를 줄일 수 있는 장점이 있지만 후에 해당 채무 승계액에 해당하는 양도세가 발생할 수 있으므로 유불리를 살펴봐야 합니다. 국세청에서는 수증자가 실질적으로 채무상환능력이 없을 경우 채무를 인수한 것으로 인정하지 않을 수도 있기 때문입니다.

이상의 것을 정리하면 증여에는 단순증여, 부담부증여, 지분증여 등으로 나눌 수 있으며 각 방법에 따라 절세 효과가 다를 수 있으므로 반드시 전문 세무사와 상담하여 본인의 상황에 맞춰 절세플랜을 짜는 것이 좋습니다.

| 증여시점

조합원 입주권을 증여할 때는 해당 주택의 멸실 후에 하는 것이 절세의 측면에서 유리할 수 있습니다. 앞에서 설명한 것처럼 취득세에서는 관리처분계획인가가 되었더라도 '멸실'이 되어야 토지에 대한 취득으로 인정되기 때문입니다.[201)]

그리고 2023년 부터는 조합입주권의 취득세 과세표준이 시가인정액으로 개정될 예정이라는 것도 참고하시기 바랍니다.

또한, 재산세와 종부세 과세기준일이 6월 1일이기 때문에 명의분산에 따른 절세전략을 활용하기 위해 매년 4~5월경에 부동산 증여가 집중적으로 이뤄지는 점도 고려해 볼 필요가 있습니다.

---

201)   토지에 개별 공시지가가 과세표준이 되면 증여세율은 3.5% 입니다.
        (지방세법 제11조)

조합원 입주권의 증여시기는 조합원 명의변경 신고일[202]이 됩니다.

| 증여재산가액의 평가

증여재산가액은 추가 분담금을 납부하는 경우와 해당 권리가액이 조합원 분양가보다 높아 청산금을 수령하는 경우로 구분되어 평가됩니다.

구분	증여재산가액
추가분담금을 납부하는 경우	조합원권리가액 + 평가기준일까지 납입한 계약금, 중도금 등 + 평가기준일 현재의 프리미엄 금액
청산금을 수령하는 경우	조합원권리가액 - 평가기준일 현재 지급받을 청산금 + 평가기준일 현재의 프리미엄 금액

위에서 프리미엄 금액을 특정하기가 어려우므로 반드시 감정평가를 받아야 합니다.

조합원 입주권의 증여는 수증자의 취득원가를 높여 훗날 수증자가 부담하게 되는 양도세를 줄이는 절세효과를 보고자 하는 것이므로 증여시점을 멸실 후 조합원 동호수 추첨일 이후에 하는 것이 바람직합니다.

증여재산가액을 산출할 때 반드시 외부 2곳의 감정평가를 받아야 하는데, 이때 감정평가는 통상 '거래사례비교법'으로 진행하므로[203] 동호수가 특정된 후에 하는 것이 바람직합니다.

---

202) 조합원 분양계약서상 명의변경일 (=조합원 권리의무 승계일)
203) 집합건물이기 때문에 거래사례비교법으로 감정평가를 하게 됩니다.

| 양도세 이월과세제도

소득세법에는 특수관계자 간 '우회증여'를 통한 양도세 회피를 막기 위해 이월과세 제도를 운영하고 있습니다. '양도세 이월과세 제도'란 특수 관계자로부터 증여받은 자산을 양도하는 경우 양도차익을 계산할 때 증여 당시의 증여가액이 아닌 증여자의 취득 당시의 취득가액을 적용해 양도차익을 계산해 양도세를 과세하는 방식입니다. 단, 일정 기간이 지나면 이월과세를 하지 않고 실제 증여된 것으로 봅니다.

현재는 5년이 지나면 이월과세가 적용되지 않습니다. 통상적으로 멸실로부터 약 3년 정도까지 아파트를 신축하는데 시간이 소요되고 준공이 되어 2년 정도 보유하게 되면 이 5년이 채워지므로 양도세 이월과세제도를 활용할 수 있습니다. [204]

| 증여세의 연부연납제도

증여세 납부의 부담을 줄여주는 제도로 증여세가 2천만원이 넘으면 분할하여 납부할 수 있습니다. 즉, 해당 증여세에 대해 연부연납을 신청하여 처음 납부시점에 전체 세액중에서 6분의 1을 신고납부한 후, 향후 5년간 나머지를 6분의 1씩 분할하여 납부할 수 있습니다.

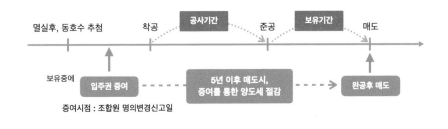

---

204) 기획재정부는 2022년 세제개편안에서 양도세 이월과세 적용 기간을 5년에서 10년으로 확대하기로 했습니다. (2013.1.1. 이후 증여분 부터 적용)

단, 각 회분의 분할납부 세액이 1천만원을 초과하도록 연부연납기간을 정할 수 있으므로, 만약 증여세가 2천1백원이면 1회차에 1천 5십만원, 2회차에 나머지 1천 5십만원을 납부하게 됩니다. 증여세가 6천만원이 넘으면 5년까지 분납이 가능합니다. 또한 납세의무자는 담보를 제공해야 합니다.[205]

---

205) 상속 및 증여세법 제71조

에필로그 : 그래서 어떻게 투자해야 하나?

저의 첫 번째 재개발 투자는 광화문 사직1 재개발 구역이었습니다. 지금부터 20여년전 이야기입니다. 당시 조합장님의 카리스마 넘치는 패기에 이끌린 '묻지마 투자'에 저도 한 몫을 했습니다. 중간에 팔고 나왔지만 광화문 풍림스페이스본으로 2008년에 준공되었습니다.

재개발과 재건축으로 대표되는 '정비사업'은 그로부터 20여년 동안 '도시재생사업'과 함께 서울의 대표적인 '주거지 탈바꿈 과정'의 주축이 되어 왔습니다. 적어도 제도적으로는 그랬습니다.

그러나 그 동안의 각종 규제는 서울이라는 역동적인 도시에 '도시 정체'와 '공급 부족'이라는 부작용만 키워왔습니다. 이제 새로운 변혁의 시대에 접어들고 있습니다. 개발방식이 다양해졌고 이를 위한 제도적 틀이 다져지고 있습니다. 정체되었던 도시가 다시 활기를 찾고 있습니다.

정비사업이 새로운 국면으로 접어들면서 '사업성'과 '투자이익 예측'에 대한 다양한 분석 기법들이 지난 몇 년동안 개발되어 왔습니다. 그러나 어설픈 방법들이 오히려 투자의 본질을 왜곡시키고 심지어 올바른 투자문화 정착에 걸림돌이 되었습니다. 검증없는 무분별한 선동에 지나지 않았던 것입니다. 지난 부동산 활황시장에서는 더욱 그랬습니다.

특정 '투자기법'이 유효하려면 그 방식이 작동되는 '투자환경'에 대한 이해가 우선입니다. 부동산 시장은 물론이고 경제 환경에 걸친 깊은 이해와 통찰인 것입니다. 요즘 들어 더 공감이 가는 대목입니다.

앞으로 10년, 20년은 정비사업이 투자의 핵심이 될 것입니다. 그럼 이런 역동적인 시장에서 어떻게 접근해야 할까요?

| 투자의 세 카테고리와 다섯가지 노력

다음의 세 가지 카테고리로 투자 방향을 정해야 한다고 생각합니다.

첫 번째가 '지역-시간-돈'이라는 카테고리 입니다.

지역(입지)도 돈이고 시간도 돈입니다. 돈이라는 것은 살아있는 생명체와 같기 때문에 한 곳에 머물게 하지 말고 지역과 시간이라는 두 바퀴에서 적절히 포지션을 적응·변환하도록 조절해야 합니다.

두 번째는 '물건'이라는 카테고리 입니다.

거주용이냐 투자용이냐 라는 케케묵은 선택지에만 머물지 말고 위의 첫 번째 카테고리 속에서 어떤 '물건'에 접근해야 하는지 큰 방향을 먼저 정해야 합니다. 투자자 본인의 여건에 따라 신중하게 결단을 해야합니다.

세 번째는 '기법'입니다.

방법에 관한 얘기입니다. 전쟁에서 이기려면 무기도 좋아야 하고 전술도 뛰어나야 합니다. 돈이 무기라면 기법은 전술입니다. 어떤 전술로 전쟁터에 나가는 가에 따라 돈이라는 한정된 자원의 한계를 이겨낼 수 있습니다.

위의 3가지 카테고리를 투자자 본인의 여건에 맞게 효용화시키기 위해서는 다음 몇 가지 노력이 필요합니다.
- 최소한의 부동산 공법과 입지분석 능력
- 경매 원리의 이해
- 재개발·재건축 투자 방법
- 임장의 기술
- 거시 경제에 대한 깊은 이해

| 정비사업 투자테크

부끄럽지만 저의 투자 전략을 소개하겠습니다.

첫 번째, 투자대상의 1순위는 **팔 수 있는 물건**이어야 합니다.

재개발은 투기과열지구에서 조합원 지위양도에 제한이 없는 구역에 집중합니다. 즉 2018.1.24. 이전에 최초 사업시행계획인가를 신청한 구역입니다. 언제나 팔 수 있습니다.

재건축은 재초환(조합원 부담금)의 부담이 없는 구역에 집중합니다. 즉 2017.12.31.까지 관리처분계획 인가를 신청한 구역에 관심을 갖습니다.

또한 전매가능한 요건인 다음의 '3-3-3' 법칙을 따져봅니다. 서울과 수도권에 족히 100여곳 이상은 됩니다.

구분	재건축	재개발
조합설립인가일 ~ 사업시행인가 신청까지 **3년 경과**	조합원 지위양도 가능	해당 없음
사업시행인가일 ~ 착공일까지 **3년 경과**	조합원 지위양도 가능	해당 없음
착공일 ~ 준공일까지 **3년 경과**	조합원 지위양도 가능	조합원 지위양도 가능

두 번째, **사업이 순조로운 곳**만 투자합니다. 이 때 2가지 기준이 있습니다. 구역내 이해 당사자들 사이의 분쟁이 많은 곳은 되도록이면 피합니다. 그러나 제도 개선이나 정부대응책 마련으로 사업이 순항하게 될 곳은 관심을 갖습니다. 대표적인 것으로 '재초환'입니다.

세 번째, **상가**에 특히 많은 관심을 갖고 있습니다. 법인으로 접근하기 좋고 대출전략도 잘 구사할 수 있으며 다주택자에게 유리하고 투기과열지구에서 특히 해 볼 만한 투자입니다. 다만 변동성 장세에서는 조심해야 합니다. 그래서 더 재미있고 투자 수익률이 높습니다. 특히 서울 2호선 라인 곳곳에는 새로운 변화를 이끌어가는 곳이 널려 있습니다. 정비구역내 물건도 좋지만 인접 구역도 좋은 투자가 된다는 것을 알게 됩니다.

네 번째, 사업성이나 수익성 분석보다 중요한 것은 **가치분석과 투자환경에 대한 깊은 이해**가 필요하다는 것을 잊지 말아야 합니다. 한 때 어떤 유력인사가 한남3구역은 사업성면에서 투자 가치가 없는 곳이라고 대놓고 말하던 시기가 있었습니다. 바로 3년전 얘기입니다. 그러나 이런 합리적인(?) 근거를 거침없이 날려버린 것이 투자환경의 변화입니다.

다섯 번째, **경매물건**에도 늘 관심을 갖고 있습니다. 정비사업의 어떤 규제도 뚫을 수 있는 전술이므로 늘 매의 눈으로 살펴볼 것이 경매물건입니다.

마지막으로, **임장은 언제나 지속되어야 한다**는 것입니다. 가장 좋은 빅데이타는 현장에 있으며 가장 정확한 뉴스도 현장 소식입니다. 실제 현장에서 일어나는 변화를 읽을 줄 알아야 합니다. 뉴스나 통계는 그 다음 참고 사항에 지나지 않습니다.

| 공간은 변한다. 시장도 변한다. 변하지 않는 것은 나 하나

서울은 새로운 개념의 복합공간으로 변하고 있습니다. 인구구조의 변화와 산업클러스터의 재편성, 그리고 투자기법의 다양화 속에서 공간 구조는 자연스럽게 이를 따라가고 있습니다.

대부분 부동산 시장은 우리가 늘 접하는 거대한 경제구조의 작은 한 부분에 지나지 않는다는 것을 잊고 있으며 그래서 투자환경의 변화는 외면하고 각종 자극적인 매체에 휩쓸려서 투자 오류에 빠지게 됩니다.

그래서 부동산 만큼 위험한 투자도 없다는 것을 잊고 있습니다. 눈에 보이는 실물이고 그 안에 거주하거나 경제활동을 할 수 있기 때문에 무너지지만 않으면 안전하다는 막연한 기대감이 있습니다.

게다가 정보의 불평등한 왜곡과 이해 부족 그리고 게으름으로 무장되어 시장의 구조는 더욱 한 쪽으로 치우치고 소득 불균형은 더욱 심화될 것입니다.

그래서, 감히 몇 가지 아끼는 조언을 드리고 싶습니다.

부동산은 가장 위험한 자산이라고 생각하십시오. 그래서 투자 결정 전에 다양한 위험요소를 먼저 생각하십시오. 벌긴 어려워도 잃긴 너무 쉽습니다.

투자 포트폴리오를 다양하게 구성하십시오. 다양한 부동산 유형을 접하는 것은 물론이고 투자방식도 다양해야 합니다. 자산의 크기도 중요하지만 자산의 종류를 다양하게 구성하는 것도 큰 의미가 있습니다. 투자는 평생하는 것이니까요.

스스로 가치판단과 가격흐름을 예측하고 검증하는 시야를 갖도록 노력해야 합니다. 그럴듯한 선동가들의 무책임한 설득의 노예가 되지 말고 스스로의 기준과 시장을 보는 눈을 키우길 바랍니다.

마지막으로 현장의 변화에 민감하기를 바랍니다. 내가 아는 동네에서 시작하여 내가 좋아하는 동네로 넓히고 호기심 가득하게 세상을 살피다 보면 남보다 먼저 변화를 읽을 수 있으며 확신에 찬 투자를 즐기게 됩니다.

작은 실수에는 한 없이 겸손하되
평생 즐겁게 노력하는 것이 '성공투자'입니다.

2022.9.
스탠리 드림

재재테크

2022년 9월 26일　초판 1쇄 발행

지 은 이　스탠리
펴 낸 이　김병호
펴 낸 곳　바른북스
편집진행　김주영
디 자 인　김한솔
등　　록　2019년 4월 3일 제2019-000040호
주　　소　서울시 성동구 연무장5길 9-16, 301호 (성수동2가, 블루스톤타워)
대표전화　070-7857-9719 | 경영지원 02-3409-9719
팩　　스　070-7610-9820

• 바른북스는 여러분의 다양한 아이디어와 원고 투고를 설레는 마음으로 기다리고 있습니다.
이 　메 　일　barunbooks21@naver.com　| 원 고 투 고　barunbooks21@naver.com
홈 페 이 지　www.barunbooks.com　　　| 공식 블로그　blog.naver.com/barunbooks7
공식 포스트　post.naver.com/barunbooks7 | 페 이 스 북　facebook.com/barunbooks7